AF331084

27
In
4
25342

PROCÈS

OU

LE SUICIDE

DÉDIÉ

Aux Défenseurs des Libertés Publiques,

Religieuses, Industrielles et Commerciales.

—

PRIX : 2 FR.

LA
PREMIÈRE
ÉDITION TIRÉE A 500
EXEMPLAIRES, SE VEND POUR
VENIR AU SECOURS DES VEUVES ET DES
ENFANS, DES BRAVES QUI SONT MORTS GLORIEUSEMENT
DANS LES IMMORTELLES JOURNÉES DES 27, 28 ET 29 JUILLET 1830,
EN COMBATTANT POUR DÉLIVRER LA PATRIE DE LA
TYRANNIE ; ET AUSSI POUR CONTRIBUER A
L'ÉRECTION D'UN MONUMENT
NATIONAL EN LEUR
MÉMOI-
RE.

PARIS

CHEZ LES MARCHANDS DE NOUVEAUTÉS.

ꝏ

FIN JUILLET, 1ᵉʳ AOUT 1830

PARIS. IMPRIMERIE DE DUCESSOIS,

Quai des Augustins, 55.

Charles X. devait s'attendre à perdre ignominieuse-
ment son trône , dès le 26 juillet, jour où il a signé les
ordonnances de ses perfides ministres, pour violer la
Charte et son serment ; et, voulant soutenir ses violations les 27 , 28 et 29, il a fait couler le sang de ses sujets dans la capitale, ses habitans ont combattu contre
les troupes avec une rare intrépidité ; et quoiqu'ils n'eussent presque pas d'armes, ils en eurent bientôt en portant la mort dans les rangs de leurs adversaires qu'ils
n'auraient jamais dû rencontrer que comme citoyens, et
pour la même cause. Quelle faute !... le souvenir servira à
l'armée pour règle de conduite en pareille occurence.
Son honneur est en inséparable pour l'avenir ; la garde
nationale et les jeunes gens de toutes les conditions ont
déployé un courage héroïque. Les élèves des Ecoles de

droit et de médecine se sont signalés avec une égale valeur ; mais surtout, on a remarqué les élèves de l'Ecole
polytechnique. Le *Constitutionnel* du 31 dit : « Un des
» élèves de l'Ecole polytechnique a été tué dans les ap-
» partemens des Tuileries, (palais de l'ex-roi, qui a été
» pris d'assaut) ; son corps, relevé avec respect par ceux
» qu'il avait conduit à la victoire, a été déposé sur le
» siége même du trône royal, et couvert de lambeaux
» de crêpe rassemblés au hasard : il y est demeuré jusqu'à
» ce que son frère et quelques autres personnes de sa
» famille soient venus réclamer ses glorieux restes.

» Dans une des salles, il a été fait une décharge de
» mousqueterie sur le buste de Charles X, et l'on a
» respecté celui de Louis XVIII. Les vainqueurs s'écriè-
» rent : C'est le père de la Charte, il ne faut pas tirer
» dessus.

» La reconnaissance du peuple pour les élèves de
» l'Ecole polytechnique va jusqu'à la vénération. Hier,
» un de ces braves jeunes gens, qui n'avait pris aucun
» repos depuis trois nuits, s'est endormi de fatigue sur
» un des matelas destinés aux blessés ; quand le soir est
» venu, on l'a transporté à son insu à l'Hôtel-de-Ville ;
» et quand l'aspect de son uniforme faisait élever des
» acclamations sur son passage, ses porteurs disaient :
» Respectez son malheur ! on ôtait son chapeau et on
» passait.

Dans toutes les rues où l'on se battait, les troupes
étaient assaillies de toutes parts, même depuis les fenêtres
on leur jetait des objets meurtriers, et l'on défaisait les
toitures qu'on leur lançait dessus. Les hommes étaient
encouragés par les femmes : les unes leur portaient à

boire pour soutenir leurs forces, d'autres distribuaient des cartouches, d'autres pansaient des blessés, enfin, quelques-unes faisaient de la charpie et secondaient les chirurgiens.

Les armoiries royales ont été détruites sur les frontispices des maisons particulières, sur les édifices publics et monumens royaux, et cela se faisait pendant les combats, ainsi qu'avec les pavés, on élevait dans les rues des milliers de redoutes, et l'on abattait les arbres des boulevards. Sur les ponts, sur les places et dans les rues, tout était en décombre, présentant un aspect lugubre. Le son des cloches pendant trois jours augmentait les horreurs du spectacle, qu'offrait cette nombreuse population combattant pour sa liberté ; et ceux qui voulaient la lui ravir l'ont perdue, ils sont en fuite et vont servir de dérision chez les autres peuples.

Extrait des Pièces Officielles.

VOEU EXPRIMÉ PAR MM. LES PAIRS ET DÉPUTÉS DANS LEUR RÉUNION DU 30.

« Les pairs de France, au nombre de trente ou qua-
» rante, et les députés des départemens au nombre de
» cinquante ou soixante, se sont réunis hier aux lieux or-
» dinaire de leurs séances ; les délibérations ont été se-
» crètes. Plusieurs communications ont été faites par la
» chambre des députés à celle des pairs. M. le général

» Sébastiani était au nombre des commissaires envoyés
» au Luxembourg.

» La réunion des députés actuellement à Paris, a
» pensé qu'il était urgent de prier S. A. R. Monseigneur
» le duc d'Orléans, de se rendre dans la capitale pour
» y exercer les fonctions de lieutenant-général du
» royaume, et de lui exprimer le vœu de conserver les
» couleurs nationales ; elle a de plus senti la nécessité de
» s'occuper sans relâche d'assurer à la France, dans la
» prochaine session des chambres, toutes les garanties
» indispensables pour la pleine et entière exécution de
» la Charte. » (Cela ne suffit pas).

(Suivent les signatures.)

PROCLAMATION

DE S. A. R. MGR. LE DUC D'ORLÉANS.

« HABITANS DE PARIS,

» Les députés de la France, en ce moment réunis à
» Paris, m'ont exprimé le désir que je me rendisse dans
» cette capitale pour y exercer les fonctions de lieute-
» nant-général du royaume.

» Je n'ai pas balancé à venir partager vos dangers, et
» à me placer au milieu de votre héroïque population,
» et à faire tous mes efforts pour vous prévenir des ca-
» lamités de la guerre civile et de l'anarchie.

» En rentrant dans la ville de Paris, je portais avec
» orgueil ces couleurs glorieuses que vous avez reprises,
» et que j'avais moi-même long-temps portées.

» Les chambres vont se réunir : elles aviseront aux
» moyens d'assurer le règne des lois, et le maintien des
» droits de la nation ».

« La Charte sera désormais une vérité. »

Signé, Louis-Philippe d'ORLÉANS.

———————

Je n'ai rien à dire sur la lieutenance-générale en faveur
de S. A. R. Monseigneur le duc d'Orléans. Je donne
mon adhésion, si on nomme ce prince Roi, mais je la
donne de préférence, si on l'élève au rang d'empereur,
et j'insiste pour ce dernier poste, parce qu'il convient
mieux à la dignité de la France, et pour empêcher sa
conquête sous le prétexte d'en faire un empire qui est sa
destinée.

L'invasion étrangère pour replacer Charles X sur le
trône, est impossible. Cet ex-roi, dans les cours étran-
gères, a perdu le crédit qu'il vient de perdre en
France.

> C'est l'ineptie qui l'a fait descendre.
> Le génie seul revit de sa cendre.

La nation doit la reconquête de ses droits aux héroï-
ques efforts de la population parisienne, au génie pa-
triotique des illustres généraux Lafayette, Gérard, etc.
qui ont organisé, sous le feu des combattans, un gouvernement provisoire, aux sages dispositions des pairs et

députés, et si Charles X avait eu le bon sens du plus simple de ses sujets, pour apprécier les sentimens civiques des 221, il serait encore sur le trône. La démence de la tyrannie et ses excès l'en ont expulsé pour toujours. Ce qui s'est passé devait s'opérer d'une manière ou d'une autre, ainsi qu'on l'avait prévu dans ce petit ouvrage, qui était écrit dès la fin de juin, et destiné à être mis au jour pour l'ouverture des chambres. M'étant gardé d'en faire part à qui que ce soit, et n'ayant voulu, par prudence, le faire voir à aucun imprimeur sous le règne qui vient de finir, j'en avais fait cinq copies jusqu'au 25 juillet. J'avais le temps d'en faire encore jusqu'au 3 août. La distribution devait se faire comme il suit : plusieurs copies à l'étranger, une à la chambre des pairs, une à la chambre des députés, une à l'Académie, une à la Cour de cassation, et l'autre au directeur d'un journal. Les événemens m'ont devancés à ma grande satisfaction, et viennent seconder mes intentions dans l'intérêt de la patrie. Voulant moi-même renverser la tyrannie sans verser de sang, ni sans vouloir la chute de Charles X, je restais son champion par la raison, mais par la non-raison de sa part et sans justice de son gouvernement, il serait tombé de mon vivant, comme après ma mort, et c'est du sein d'une tombe factice simulée que je faisais parler mes travaux pour foudroyer la tyrannie; l'Europe était là.

Ce qu'on va lire est une composition du mois de juin.

PROCÈS

OU

LE SUICIDE.

Thémis en deuil. — Vérité. — Religion. — Justice. — Infraction. — Injustice. — Spoliation. — Persécution. — Coalition. — La raison des Empereurs. — La vérité des Rois. — La justice des Princes. — La vertu des Impératrices, des Reines, des Princesses, et leurs droits reconnus par décision emblématique. — Rotation. — Mouvement dans l'espace. — Comète vengeresse. — Régénération. — Jugement dernier. — Politique. — Chasse-Mouches. — Alger, etc.

DÉDIÉ

Aux Défenseurs des Libertés Publiques,

Religieuses, Industrielles et Commerciales.

> Ainsi que Diogène, et n'en rencontrant pas
> Se hâta d'en forger pour aller au trépas,
> Étant né maréchal. . . . de France. . . .

OEUVRE POSTHUME DE J. C. J......

PUBLIÉE PAR SA VEUVE.

Pour le fruit qu'elle porte et pour ses père et mère
Et pour ses deux enfans, elle attend d'un libraire
Faveur à l'indigence, et non pas en argent
Le prix de ce travail. Homère fut mendiant,

L'or pouvait-il payer l'œuvre de son génie?
L'un fait le mouvement et lui donne la vie,
S'il n'est plus, il sera ; lequel d'eux est néant ;
L'auteur est mort en deux, après être vivant.
Les rois dans leur palais élevés dans les airs,
Aux peuples promulguent des lois dans l'Univers :
    Laissez passer la sagesse.

Introduction.

LE MARÉCHAL POÈTE

ou

L'INTIMÉ DANS LE PROCÈS COMMUN

ET OU CHACUN EST INTÉRESSÉ.

Des droits des potentats, fruit des générations,
Dut en naître un procès au sein des nations ;
De vils persécuteurs le tenaient en litige,
Quand dans leur splendeur , pour l'honneur de leur tige,
Sur leur trône placés parlaient les souverains :
» Attendu que leurs faits ont privé les humains
» De leur bien véritable à l'égal des couronnes ,
» Arrêtons deux raisons légitimes et bonnes.
» La première dit haut : Reconnaître nos droits ;
» Et l'autre dit très-bien , le défenseur des rois.
» Frapper ces oppresseurs , ces monstres, ces perfides
» A de si grands travaux , ingrats et parricides. »
D'un prodige fameux inconnu des mortels,
L'esprit qui le créa , vint aux pieds des autels
Saisissant l'Évangile et s'adressant aux prêtres :
Suivez-le , leur dit-il, confondez tous les traîtres ;

Prenez la vérité que je tiens ici bas
Et montrez des méchans les cruels attentats.
Je dépose contre eux la vengeance céleste,
Que leur crime est affreux, que leur sort est funeste,
Auguste religion, Jésus-Christ dans ce lieu
Punissez leur audace à la face de Dieu,
Avec le droit de Dieu, chassons les stratagémes,
Des prêtres et cafards, ceux chargés de blasphèmes,
De noires trahisons, qui de leur saint état,
Révoltent les autels, les hommes et l'état;
Respect aux bons prêtres, au saint Père de même;
Des foudres vont saisir et lancer l'anathême
Sur les impiétés, sur les riches pervers
Et sur les inhumains révoltant l'Univers;
Sans foi ni sans honneur, fuyant le bien propice,
Tuant le droit de l'homme où se rend la justice.
Quel est son sanctuaire et qu'y fait-elle, hélas!
Vous juges, répondez qui ne la rendez pas.
Voyez la lâcheté ramper devant le crime.
Juges, jugez le juge, et sauvez la victime;
Dès qu'ils tiennent au vice et à l'iniquité,
Le génie qui les vit, les fuit épouvanté,
Remportant avec lui la clef de la nature,
D'un chef-d'œuvre vivant, la plus belle parure,
L'hommage en fut offert; oui l'homme en pleurera
Pour l'avoir refusé, la mère avortera,
Les esprits tous guerriers sur le nom d'un grand signe,
Viendront régénérer, femme, homme, âme et patrie.
Le ciel, l'onde et la terre, et tous les élémens,
De sa vie ont été témoins de ses tourmens.
Tous les chefs des États, gouverneurs de l'Europe,
Sont en droit d'exiger, pour en marquer l'époque;

Et si le mouvement et l'auteur sont perdus,

. . . . (*).

Mahomet en courroux proscrit les infidèles;
S'est fait trois fois puissant pour venger les fidèles;
Et Confucius dit aux temples des Chinois :
La vertu rend heureux les peuples et les rois.
Mais les turpitudes les transforment en bêtes
Et demandent pardon sous le joug des tempêtes (**).
Voyez le sang couler des deux révolutions,
Fixez mille huit cent quinze et l'or et ses canons,
Si les Juifs accusés, et dès le Bas - Empire
N'ont-ils pas expiés chacun sût bien leur dire
Qu'un forfait capital avait frappé les cieux.
L. C. . . L. V. . . . qu'ils règnent en tous lieux.
A son armée un chef la poussant dans l'arène
Alexandre lui dit : Contemplez Diogène

(*) Cette lacune était destinée, dans le cas où je n'aurais pu obtenir justice, pour forcer le gouvernement par ce vers :

Charles X leur paiera trois milliards d'écus.

Un milliard pour ne pas avoir fait rendre la justice à ses sujets, ainsi qu'à l'auteur du mouvement, et pour avoir laissé prendre ses biens par des autorités judiciaires et autres.

Un milliard pour ne pas avoir fait punir ses ministres révolutionnaires, et pour avoir laissé propager la corruption parmi eux, qui l'ont propagée dans toutes les administrations et principalement dans celle de la justice.

Un milliard pour ne pas avoir protégé l'industrie, le commerce, et pour ne pas avoir laissé la liberté de la presse, qui l'est pour l'éternité.

(**) Quoique mes écrits pouvaient forcer un changement en mieux dans le gouvernement, lorsque j'eus terminé l'original à la fin de juin, je ne pensais pas que Charles X fut exposé à demander grâce au mois de juillet, mais bien au mois d'août, ou un peu plus tard, étant forcé de rendre justice.

Si je suis le premier, comptez-le pour second ;
C'est ainsi qu'un héros, dont le génie fécond
 Rend justice au talent, reconnaît la sagesse,
Prend son aménité, qu'il offre à sa maîtresse.
La folle corruption ne connaît que l'orgueil
Tombant à chaque pas et d'écueil en écueil,
Sans puissance et sans vie, et tout son vrai courage,
N'est que pour les remords, voilà son apanage.
La vertu, toujours sœur du maître des revers,
 Se voit invulnérable au glaive des pervers.
 Le César fortuné la saisit pour sa gloire,
Et bravant les dangers au temple de mémoire
Fait son vol en un sol, et d'un front radieux
Cherche et dit aux humains : Rendez-vous tous heureux.
Salut aux adoptifs, et finit sa carrière.
A l'église priez enfans, père et mère,
Invoquez s'il se peut par un ambassadeur
La clémence du chef, de Dieu, Jésus sauveur.

PROCÈS

OU

Le Suicide.

Du Champion. — Des Droits de la Couronne. — Du Clergé. — De la Noblesse ancienne et nouvelle, et du Peuple Français.

Je viens traiter un sujet pour satisfaire à mon cœur, autant que pour remplir un rigoureux devoir envers ma patrie. Ma position est telle au milieu de la société, que si je ne prenais pas la précaution de signaler par un écrit le but que je me propose, et d'en faire plusieurs copies signées de ma main pour les adresser, les unes à l'étranger, les autres à quelques-uns de mes concitoyens; puis au ministère, à la Chambre des Pairs, à la Chambre des Députés, à l'Académie, aux Cours et Tribunaux, la méchanceté, ne dormant que d'un œil, se hâterait de l'imputer à l'atrocité de quelques-uns, à la scélératesse d'un parti, et peut-être à la témérité du gouvernement. La justice étant mon attribution par sentiment, et aimant à la rendre par devoir pour punir le crime et pour récompenser la vertu, je vais laisser un titre pour justifier les uns et les autres dans l'intérêt des Bourbons et dans celui de la nation, avant de consommer la ruine dès long-temps préméditée de mon individu, et circonstancier quelques-uns des motifs pour ma justification aussi de la nécessité résolue et impérieuse de ce suicide, sans exemple dans les annales de l'histoire, de manière qu'on ne puisse point encore l'attribuer au délire. En conséquence, je déclare que les persécutions n'ont jamais pu atteindre jusqu'à mon cœur, témoin mon pays qui a vu ma sérénité en toute occasion pénible, soit dans mes arrestations illégales, soit en voyant prendre mes biens; et quoique restant sans asile et sans ressource, je n'ai souffert de l'injustice exercée contre moi par mes persécuteurs, que pour eux et pour les hommes. L'injustice étant à leur détriment, mon âme a été inébranlable dans tous les événemens. Encore à l'heure que je trace ces pensées, elle est inaccessible à la douleur pour ce qui me concerne personnellement. C'est donc la nécessité d'un autre intérêt qui me porte à vouloir sortir du rang où me plaça le Très-Haut parmi mes semblables, et non la démence, Français, soyez en bien persuadés

Je dois faire suivre un abrégé d'où part ma résolution; alors chacun en me lisant pourra se convaincre que j'étais fondé en fait, en cause, en droit et en humanité.

Après quinze ans de veilles et de pénibles travaux, j'étais, en 1817, parvenu à résoudre le problême du mouvement, mille événemens sinistres m'avaient conduit à sa recherche souvent contre mon gré. Je l'annonçais dans mon avis à l'univers, après en avoir fait passer un acte par le notaire Passerat d'Oyaunax. Ensuite j'exécutai mécaniquement cette découverte, qui fut achevée en 1819. Un second acte pris place dans les minutes du notaire Débordes, à Bourg. Dans cet acte, j'eus pour témoins M. le général Janet et M. Demoiriat, poète. La même annnée, j'exhibai à Lyon ce chef-d'œuvre, cachant avec soin les prémices de la rotation que j'avais dédiée à Louis XVIII. Par conséquent, je ne fis connaître que sept fois la puissance du levier d'Archimède, en force centripète et en force centrifuge. Je priai la première autorité de vouloir bien réunir les mathématiciens de cette ville pour faire reconnaître l'ensemble et les forces ultérieures. Elle me répondit que *puisque j'éton-*

nais tout le monde, je devais savoir me suffire (elle fut bon prophète.) Pendant mon séjour à Lyon, je fis recevoir un troisième acte par M. Charbonne, notaire. Enfin, accablé sous le poids des obstacles suscités par la dépravation et les préjugés, et, en outre, pressé par le besoin, je laissai en gage mon porte-manteau à l'aubergiste du Méridien, Oray, chez qui j'avais resté deux mois. Je quittai cette grande ville pour me rendre dans mon village natal, et là je brisai ce monument de recherches antiques, afin d'établir ma sécurité alors menacée, et qui n'a cessé de l'être par une foction infernale siégeant dans mon pays.

Le 5 janvier 1821, je déposai par un quatrième acte authentique, dans les minutes du notaire Nicod, d'Arbent, la dissertation complète du mouvement perpétuel, à la fin de laquelle, après l'avoir traité mathématiquement, je dis : *Ce qui donne pour résultat quarante-sept fois la force du levier d'Archimède, ou quarante-sept fois la force mathématique, ou bien quarante-sept fois la puissance des corps physiques en force centripète et en force centrifuge. Le diable déchaîné n'y ôterait pas une obole; il a coûté des milliards; ainsi s'explique le flux et le reflux de la rotation perpétuelle du grand œuvre*, etc.

Et, en effet, depuis la dixième année que cette dissertation existe, couchée avec plans dans les archives savantes et littéraires des nations, par des milliers d'exemplaires, personne n'a cru pouvoir attaquer cette vérité démontrée; elle est restée sans réponse contradictoire, cette dissertation, ainsi qu'elle va rester sans exécution mécanique achevée, puisque pour forcer les protections dont j'avais besoin dans l'intérêt de mes semblables, j'ai déclaré vrai, c'est la vérité même, que nul ne pourrait exécuter ce prodige sans le secours de mon assistance pour le premier qui servirait ensuite de type aux artistes, ayant par inspiration sagement gardé la clef que je vais ensevelir avec moi, y étant obligé par mission spéciale de mon dictamen, attendu qu'il n'existe plus d'intelligence d'honneur pour s'entr'aider, plus d'harmonie dans les devoirs sociaux; que l'or corrupteur n'est employé que pour s'entre-déchirer, que pour la dévastation de l'ordre; que les protections ne s'exercent que pour faire le mal; que la justice de l'aréopage de mon pays n'existe que pour l'autoriser. Elle se compose d'une horde de sycophantes, contre l'honneur, le travail et la tranquillité de cinquante mille âmes, qu'elle a corrompues petit à petit depuis son institution. Et voici les gens qu'elle protège dans chaque village qui sont nombreux, dans un circuit de vingt-cinq à trente lieues. Tous ceux capables d'être subornés pour faux témoins, et ceux initiés à ses actions en sont tous capables. Tous ceux qui se mettent sur les rangs de processifs, de spoliateurs, de fauteurs, d'instigateurs, soit qu'ils agissent par ruse, par surprise, par fraude, par hypocrisie ou par la force au préjudice des faibles; car il y en a partout pour cet aréopage, qui a le pouvoir sur toutes les classes. Lorsque ses adeptes ont entraîné des faibles, des pauvres familles dans des procès, ceux-ci sont obligés de faire cinq à six lieues pour aller dans le foyer des plaidoiries, et autant pour revenir, perdant trois à quatre jours chaque fois; et leurs champions ont le talent de les faire voyager par un simple mot d'écrit, sous le prétexte qu'ils ont besoin de renseignemens, et quand ils sont là, c'est pour faire dénouer les cordons de leurs bourses. On leur fait faire ce trajet de huit jours en huit jours, de quinzaine en quinzaine, pendant six mois, un an, deux ans, dix ans même. Un nommé Fontenay y est tenu depuis trente ans, sans qu'on ait pu le ruiner, ses procès n'ayant reposé que sur des petits objets autour de ses propriétés assez considérables, et dont l'ensemble n'a jamais pu être attaqué, et les revenus ont presque toujours pu couvrir les frais de chicanes : il a supporté jusqu'à quatre - vingts procès intentés par des processifs et des instigateurs initiés.

Tous ces malheureux plaideurs négligent forcément leurs états ; les chemins en sont constamment couverts, perdant beaucoup par l'abandon de leurs affaires, perdant encore les dépenses considérables qu'exigent de fréquens voyages, et quant la plupart sont épuisés encore par les frais inouis des procédures, surchargés de toutes façons, c'est alors seulement et sans connaissance des matières des procès, pour ne pas les avoir étudiées, qu'on les fait terminer, ayant par une lâche expérience reconnu que bien plaider ou non, c'était la même chose pour la perte ou le succès d'une cause, étant soumise au caprice des aréopagites ; et chacun s'y est conformé par la corruption, voyant que les bénéfices étaient les mêmes.

Pour être initié, il n'est pas nécessaire d'aller auprès de l'aréopage ; si c'est un débutant, sa conduite morale y est apportée par l'un des alguazils qui connaît les personnes de son canton, ainsi que chacun d'eux doit les connaître dans son ressort. Ils engagent, trompent les parties sur leurs droits, et chacune tombe dans leurs pièges ; eux-mêmes suscitent d'innombrables procès par leurs perfides conseils, étant les avant-coureurs des aréopagites et initiés finis corrupteurs. De sorte que selon le rapport fait sur l'individu débutant, connu pour fourbe, ou capable de le devenir, en voilà assez pour avoir la protection de l'aréopage sans qu'il s'en doute au préjudice de sa partie adverse, qui aurait été envisagée pour ne pas être susceptible de s'incliner facilement devant la filiation des fourberies. Le plus petit particulier obtient faveur contre un autre dont la réputation ne serait pas entachée ; mais il succombe devant celui aisé et initié ; les initiés sont aussi nombreux que les procès : il y en a seulement quatre à cinq dans chaque village, qui se doutent de leurs initiations par les protections qu'ils obtiennent en rapport à leurs oppressions. Ceux-là sans se communiquer qu'ils connaissent qu'ils sont initiés, car chacun veut encore passer au besoin pour honnête homme, même contre l'un ou l'autre des adeptes, forment néanmoins corps d'intelligence tacite dans leur endroit, et même avec ceux des villages voisins; puis intentent en commun ou individuellement des procès aux malheureux, étant assurés d'avance du succès de leur entreprise, soit pour d'autres chicanes qui ne les concernent nullement. Mais ils font les instigateurs, encouragent très-adroitement les faibles à commencer tel ou tel procès, ou en poussent d'autres à plaider sur des riens, comme sur beaucoup à perdre. Convaincus par cette infâme conduite qu'ils conserveront les protections de l'aréopage, quand des plaideurs victimes vont se plaindre aux aréopagites, on leur dit qu'ils auraient dû prendre des conseils auprès de tels gens de leur village; mais ils répondent que ce sont eux-mêmes qui les ont entraînés dans leurs procès injustement, et qu'ils ne pouvaient pas moins faire que de chercher à se défendre ; on termine par leur dire pour trève de discussion, qui dure tout au plus une minute, que la justice ne saurait y remédier, et les personnes qu'elle désigne, sont celles qu'elle connaît pour savoir deviner qu'elles sont initiées.

C'est de cette manière que les adeptes s'envoient réciproquement les individus plaideurs prendre des instructions perfides, desquelles ils retirent, les uns des cadeaux, et les autres de l'argent, et cela encore après les avoir jetés dans les turpitudes chicaneuses. Jamais dans cet aréopage aucune famille malheureuse n'est défendue avec le moindre effort ; c'est au contraire celles qui sont abandonnées à tous les orages de l'indifférence, et des perfidies. Le premier pas fait dans le vice sans répression, le succès entraîne tous les autres, et plutôt avec satisfaction qu'avec regret, parce qu'on s'enorgueillit du pouvoir corrompu de triompher des malheureux qui forment envain des obstacles contre une coalition qui a encore le pouvoir en ramification et sur tous les points; dans une heure on y juge dix à douze procès, et l'on en renvoie quinze à vingt; les uns sont renvoyés cinq, dix, quinze fois, avant de commencer à les plaider, et en-suite ils n'occupent pas cinq, dix minutes, la plus grande partie; chaque défenseur en est toujours chargé; des uns font res-sortir leur comparution d'une heure ou deux, vingt-cinq, cin-quante et jusqu'à cent francs, et souvent pour s'être amusé à lire la gazette, ou à parler de politique, plutôt que de leurs malheureux cliens, qui gémissent de voir qu'ils ne peuvent obtenir le moindre soin de leurs affaires, malgré leurs sacri-fices en argent et en voyages, qui les paralysent sur tous les points. Moi-même j'ai éprouvé tous ces désagrémens depuis le mois de décembre 1828, pour un procès injustement intenté, ouvrage exécrable d'un aréopagite que je citerai plus loin; vient ensuite le 17 février 1829, poser les scellés chez moi, ou plutôt chez ma femme, car ses collégues m'avaient déjà pris mes biens pour ne point avoir de chez moi : puis les lever en mon absence, dès le 20 mars suivant. Ce jour-là ma femme, par suite de cuisans chagrins, avait la veille fait une fausse couche, et restait au lit extrêmement malade, et perdit une petite fille de deux ans et demi, six jours après le 27, pour n'avoir pu la soigner elle-même, elle doit tous ces malheurs et cent au-tres, à ce monstre et à ses complices, mes persécuteurs; enfin il eut la scélératesse avec deux adhérens, d'exercer jusqu'au lit de ma femme qui était mourante de douleur, pour faire fruit de ses violations, un inventaire du mobilier et des marchan-dises; inventaire qu'il fit durer six jours, ce qu'il aurait pu faire en deux, quoi qu'il y eût beaucoup à prendre, ce qu'ils ont pris en commun, et fait prendre; et voilà ce qu'ils veulent, ces gens sans pitié pour les pauvres familles, et sans s'arrêter aux désastres qu'ils causent. Lequel procès en a fait naître plu-sieurs douzaines : et pendant plus d'une année, pour les suivre judiciairement, j'ai perdu trois cents jours pour les allées et venues; de la multitude de ces procès. La matière de chacun, était inhérente au premier que je n'ai pu obtenir qu'il soit plaidé, et que j'appelle procès hermaphrodite, les ayant tous engendré, au mois de mars dernier : l'un exigait pour se conformer aux exigeances absurdes et ruineuses du Code de procédure, de constituer six défenseurs que j'eus à l'audience du 18; aucun d'eux ne connaissant la matière difficultueuse, embrouillée et confuse de ce procès, provenant des autres, je fus obligé de le plaider sur écrit, ainsi que j'ai plaidé les précédens; pour ceux-ci mes deux défenseurs ne s'étant jamais voulu malgré mes instances, donner la peine d'en connaître la moindre partie; ni en vouloir prendre connaissance dans mes mémoires où les faits étaient cités; de les avoir vu passer dans l'aréopage les uns après les autres et en quelque sorte liés ensemble dès le premier restant pendant. Cette masse de procès faisait peur à leur paresse, quoiqu'ils auraient pu se couvrir de gloire et gagner l'estime de chacun. Mais ils ne sont pas paresseux pour se faire payer le triple, le quadruple, le quintuple de plus que leur accordent les articles du Code, et pour n'avoir rien fait. Quel est le particulier qui serait assez osé de vouloir plaider contre eux, ayant les mains rapaces, joint à ce qu'ils sont les premiers initiés : pour ne pas défendre les faibles, pour ne pas faire leur devoir (*), pour ne pas faire ce que prescrivent l'honneur et l'humanité; ils laissent encore violer les lois, (le barreau de cet aréopage devrait tenir une balance) les infractions ont frappé toutes les conclusions et tous les jugemens. Lorsque j'ai lu mes mémoires en dépit de la perfidie notoire de ma partie contradictoire, M. Simo.... qui était acharné, l'ayant piqué maintes fois et le piquant jusqu'aux entrailles, m'ayant évincé en complicité de tous mes biens et pour ceux de ma femme, pour avoir osé avancer des faits faux, émette des subtilités controuvées, des sophismes captieux. Tous les auditeurs

(*) L'aigle de ce barreau (M. B.....), n'ayant pu arrêter la corruption, s'est retiré de l'aréopage.

étaient pénétrés de mes droits, de chacune de mes causes, toutes étant intentées injustement; mais que faisait l'aréopage, et ce qu'il fait à beaucoup d'autres. Il renvoyait à prononcer à la huitaine pour éconduire les auditeurs, et se soustraire à la honte qu'il n'appréhendait pas, puisqu'il sait que chacun lui donne les qualités dont je l'honore ici; enfin la huitaine expirée et le jour arrivé pour prononcer, les auditeurs n'étant plus les mêmes, seulement quelques initiés, c'est alors qu'on fait lecture et à basse voix, et en quatre mots, des considérans que la scélératesse est allé puiser au fond des enfers, et souvent ils sont retouchés au greffe à la rédaction des jugemens. On a vu certain jugement avoir été rendu pour une partie, et le prononcé changé en faveur de l'autre par la puissance des initiés; la perte de chaque fortune d'une infinité de malheureux est aussi vite tranchée que tombe la tête des soldats sur le champ de bataille. Les bons titres sont annulés par la stipulation dans les jugemens, et par la stipulation encore on rend bons les titres nuls. Les causes qui n'en ont pas de titre, que des assignations, offrent bien plus de latitude, et sur mille jugemens, l'on n'interjette pas appel d'un, faute de moyens de la partie lésée, et si l'un peut aller en appel, les considérans y sont arrangés comme dans tous les autres jugemens, avec un soin qui fait croire à la coïncidence de la loi. Les articles des Codes laissant les moyens de l'interpréter de cinq cent mille manières différentes; de sorte qu'à une autre justice, on croit que c'est la bonne foi qui a présidé à la rédaction, tandis que c'est la perfidie dans toutes ses atrocités. Personne n'ose les dénoncer; ils ont l'arme pour poursuivre l'homme de bien jusqu'au tombeau, disposent du greffe et du contrôle pour couvrir leurs criminelles actions, de même qu'ils en disposent pour se justifier; et puis au besoin, ils diront qu'ils ont bien pu se tromper, ainsi qu'à moi, ils ont osé me le dire, malgré la rage qu'ils avaient mise pour agir en fraude à mon préjudice; c'est comme.

celui qui aurait assassiné quelqu'un, et qui dirait ensuite ne pas l'avoir fait exprès.

Envers les riches, ils se gardent bien de procéder de même, parce que les riches ont de quoi poursuivre leurs droits jusqu'en cassation, et là on redresse leur culpabilité judiciaire, mais on ne les punit pas. Sources de perturbations pour l'état, sources de perturbations et de ruines nationales! D'un autre côté, les riches n'ont guère de procès; puis il n'y en a qu'un sur mille pauvres et sur dix mal aisés. Tout roule sur les petits propriétaires, qu'on chasse tour à tour de leurs propriétés; tout roule sur les petits marchands, qu'on fait faillir; tout roule sur des petits industriels, à qui l'on ôte les moyens d'existence et la prospérité publique, qui fait celle du gouvernement; tout roule sur les laboureurs, sur les ouvriers, sans moyens de pouvoir se défendre; tout roule sur les vieillards, sur les biens des veuves et des orphelins, que l'on réduit par les portes.

Cet aréopage a causé une corruption si désolante, que le fils plaide ou est sollicité de plaider avec le père, la fille avec la mère, les frères et sœurs entr'eux, les parens pour s'entre-déchirer par les voies judiciaires iniques, qui font, avec la dévastation, la honte du pays. Au milieu de ces désastres populaires, chacun crie vengeance dans les lieux publics et aux oreilles mêmes des complices dévastateurs. Eh bien, si le gouvernement voulait prendre des renseignemens, il tomberait parmi les adeptes, desquels il n'obtiendrait aucun éclaircissement. S'il voulait les prendre parmi le peuple, pas un individu ne voudrait dire vrai dans la crainte d'être exposé, comme je l'ai dit à l'égard des dénonciations. Ah! s'il était assuré que chacun dirait la vérité, alors il n'aurait plus rien à redouter. Quand la corruption est grande, elle ne forme qu'un corps lâche qui laisse estropier ses membres les uns après les autres. Cent personnes en voient voler une ou plusieurs, ainsi que cela m'est arrivé à la justice d'Oyaunax, le 25 janvier et le 1er février, au détriment de ma femme, de son mari défunt et de ses enfans. Pas une personne, de cent, ne s'y est opposée; elles haussaient les épaules, et dehors criaient à l'infamie, et voilà ces mêmes personnes qui sont volées tour à tour, et qu'elles le savent très-bien. Telle est l'idée vraie de la lâcheté que produit la corruption; et le crime se commet avec une audace incroyable, et surtout lorsqu'il n'y a plus ni foi, ni croyance à la religion. Mes raisons de défense, vraies et légitimes, ont fait trembler un suppléant nommé Gallet; il a resté pâle comme un homme en syncope pendant une heure. Malgré cela, ses projets étant résolus d'avance, il commit les actes les plus iniques et viola les lois.

Un grand nombre d'alguazils se sont fait jusqu'à cent cinquante mille francs de fortune dans l'espace de dix ans. Pour exercer leurs fonctions, ils voyagent aujourd'hui comme les seigneurs d'autrefois, en char de luxe. Dans ce même laps de temps, ils ont mangé une fortune aussi considérable; et, pour parvenir à les avoir, pour les dépenser, et pour en conserver d'aussi grandes, chacun d'eux, en son particulier, a causé la perte de trois à quatre millions au préjudice des pauvres familles.

Ce système de corruption, de dévastation, de non intelligence, depuis douze à quinze ans, a porté un préjudice de cinquante millions en valeur, ôtés sur le bien-être des habitans, et qu'ils pourraient avoir en aisances, soit en maisons, en instrumens, machines, outils, établissemens d'industrie d'utilité publique, soit en diverses marchandises, soit en ustensiles et meubles de première nécessité, et logemens; au lieu que les cinq sixièmes de la population n'ont que l'aspect de la misère, et beaucoup sont sur le pavé. Mais si quelqu'un veut en avoir, ainsi que j'en avais, dans ma maison d'habitation, dans ma fabrique, distribuées avec ordre, propreté et commodité, les mêmes auteurs de déprédations sont là pour les envahir et les détruire, sans profit pour personne, pas même pour eux, qui, par leur conduite dépravée, se ressentent nécessairement de la détresse générale. Mais, d'un autre côté, leur dépense de luxe personnel et de bouche sont extraordinaires : ils dépensent souvent trois cents jusqu'à six cents francs dans un repas. Enfin, pour n'avoir rencontré personne dans ce pays, il perd avec moi encore une somme aussi considérable, que mon industrie et mes inventions lui auraient procurée.

Le prêtre de chaque commune voit dans la sienne, tous les jours, tomber des familles dans l'adversité; c'est bien rare qu'il ait connaissance des ennuis, des embarras et des efforts des plaideurs entraînés dans les chicanes; il n'en connaît pas directement les causes. Quant les actes judiciaires arrivent, il est rarement consulté, puis ils sont stipulés de manière à fasciner les yeux des plus clairvoyans, et encore inlisibles. Les initiés, très-adroits et en crédit, sont plutôt crus que les malheureuses victimes, et par les faux bruits qu'ils font circuler pour étouffer la vérité, le noble, vivant avec le riche, ne se doute pas de ces désastres, de même que le curé : l'un et l'autre, assez heureux, ne calculent pas que quarante à cinquante pauvres familles sont à la fois sous le glaive judiciaire, prises alternativement dans autant de villages différens. C'est nouveau aussi pour eux qu'ils aient quelquefois connaissance d'une seule famille livrée au désespoir; et puis l'homme aisé fuit de loin en loin le malheureux, qui ne va pas même se plaindre à lui. Voilà une idée de la civilisation tant vantée. Le tribunal révolutionnaire n'était pas plus à redouter que celui signalé, dont tout le monde a à se plaindre. Tous les particuliers disent qu'autrefois ils avaient des personnes dans chaque commune pour protecteurs; aujourd'hui, qu'ils n'ont que des oppresseurs, et entre eux mêmes des spoliateurs, voulant chacun être plus l'un que l'autre, n'étant contenus par aucune haute considération locale; et s'il y en avait une par une institution sage, les gens opprimés pourraient en appeler auprès d'elle. Il est donc de l'intérêt du gouvernement d'établir dans chaque commune de ce malheureux arrondissement une famille noble, soit ancienne, soit nouvelle, qui, de concert avec le curé, deviendraient en commun des protecteurs et des juges conciliateurs, avec des conseillers, nommés à ces fins pour toutes affaires de chicanes, qui trouveraient bientôt leur extinction; et quant il s'en éleveraient quelques-unes, elles seraient arrêtées de suite par la connaissance des localités, dont tous les individus seraient pour le bon ordre, intéressés à dire vrai, et les procès sur propriétés n'auraient aucune suite; tandis que les petites chicanes et les procès de propriété qui sortent des lieux, du jour au lendemain, une étincelle devient un brasier ardent. Tout est travesti ailleurs par les écrits et par les versions mensongères qui y sont en permanence et colportées, toujours au préjudice des malheureux. C'est par ce chemin, ouvert à la fraude, que, petit à petit, tout le monde y est tombé dans la corruption. D'après l'idée de ces nouveaux principes, on verrait chaque commune fleurir; le travail, la bonne foi, l'union, la tranquillité renaîtraient; tous y trouveraient un avantage qu'il faut faire reposer sur la religion, qui reprendrait son empire sur les croyances, sur la vérité, sur la justice protectrice et sur l'amour du bien public, sans lesquels principes il y aura toujours calamité pour chacun; et, par rapport à l'existence de cet aréopage, s'opposant à tout ce qui fait bien, ruinant trois à quatre cents familles par an, et avant déjà malheureuses par leur position; lésant annuellement quatre à cinq autres mille personnes, y compris quelques-unes qui le sont cinq, dix, vingt fois; démoralisant par son exemple la population, qui se récrie inutilement, et se trouve contrainte de suivre malgré elle l'impulsion du vice radical qui engendre tous les revers de l'homme en société.

Dans cet état de barbarie et d'aveuglement, non-seulement on y a pris mes biens, mais j'ai sollici l'aide, protection, offrant même en partage les avantages de ma découverte à des milliers d'individus, j'ai également écrit pour les mêmes motifs à un nombre presque égal de personnes, et toutes mes démarches ont été vaines. Dans l'espace de treize à quatorze ans, je n'ai rencontré qu'un homme, en 1817, le rédacteur du journal de l'Ain, dans ce temps-là, aujourd'hui malheureux lui-même, et, en 1828, une femme dont mes persécuteurs de cet aréopage se sont acharnés à la victimer depuis qu'elle m'appartient. Mais il y a un temps pour tout voir venir, dit un ancien proverbe. Si la vengeance n'est pas à son terme pour frapper, les regrets ne tarderont pas à naître dans leurs cœurs pervers. Ils seront accusés d'avoir, par leurs criminelles actions, privé la génération du grand œuvre, que j'ai si long-temps offert de reconstruire avec persévérance, mettant de côté tout titre, tout honneur et toute fortune. Voilà le désintéressement que je devais donner pour exemple à la société, sans cependant, par mes offres et mes efforts, avoir pu soulager son infortune. Hélas! les cruautés de mes homicides avec les fureurs des préjugés, viennent accroître les calamités de l'espèce humaine, au point que Thémis n'a plus la force de tenir la balance; tremblante, elle la laisse tomber pour prendre un crêpe. Les muses désertent leurs temples, abandonnent leurs attributions et se retirent dans des cavernes sauvages pour pleurer. Leurs favoris désenchantés du haut du Parnasse, vont être précipités dans le Tartare, et foudroyés dans leurs chutes épouvantables par Apollon, dont la colère est excitée par Minerve.

Plusieurs fois j'ai eu l'honneur d'écrire à l'Académie, et encore au mois de janvier 1828 une lettre touchante, en lui faisant hommage de dix exemplaires de ma brochure intitulée : *Dissertation et plans d'une découverte représentant le double des appareils de la statique, contenant aussi la dissertation complète du mouvement perpétuel,* par laquelle lettre très-honnête, je lui déclarais que je ferais mes efforts pour mériter sa bienveillance. Mes démarches ont eu le même sort qu'ailleurs, également pour autant de brochures que j'adressai à la même époque au ministère, et pour obtenir justice contre mes persécuteurs et ravisseurs de mes biens. J'ai toujours semé au vent sans pouvoir recueillir une raison sensée. Les talens de l'Académie se doivent à l'expansibilité et à la perfectibilité des connaissances humaines. Les bonnes et belles lettres ne souffrent point d'esclavage. Leurs élévations et leurs gloires ne peuvent se fonder que sur la raison, la vérité et la justice. Hors de là, elles restent dans la fange en tissus d'infamie, en tissus de discordes, en brandons incendiaires. MM. les académiciens et savans de l'étranger n'approuveront jamais la conduite qu'on a tenue à mon égard. Me voyant seul et sans appui, j'ai été obligé de prendre haut la parole pour redresser des actes de folie de mon pays. Je déclare n'avoir jamais eu l'intention de heurter le savoir, le pouvoir, ni personne de l'étranger, pas même de mon pays, que sous le rapport d'y rehausser les esprits et retremper les âmes.

Dans le journal *Encyclopédique, dédié à Son Altesse sérénissime monseigneur le duc de Bouillon grand chambellan de France, etc., année* 1773, *tome* VIII, *page* 168, on y trouve le fragment ci-après :

Prédigten zur bestristung séhœdlicher vorurthcile in der religion, etc. ; c'est-à-dire Sermons dans lesquels on combat des préjugés nuisibles à la religion par M. Jean-François Bahrdt, docteur en théologie, à Mittau, chez Hinz, 1773. *C'est dans les livres saints même que l'auteur trouve la réfutation des préjugés contre lesquels il s'élève avec force, et qu'une religion fondée sur la vérité doit nécessairement désavouer.*

Le livre qui contient ce fragment m'est tombé sous la main comme venant du ciel, car j'ignore aussi comment il me vient d'ailleurs. En conséquence de ces paroles, j'en tire une induction. Les ministres de la religion se devant à la vérité, un de leurs devoirs, c'est de combattre ceux qui s'opposent à la vérité. Jésus-Christ l'a proclamée la vérité; Dieu a fondé la religion sur la vérité; l'homme se doit à la vérité dans la vie présente et pour la vie à venir. Vouloir, par des préjugés, qu'on s'obstine à garder, méconnaître la vérité démontrée par son semblable, c'est combattre la vérité de la religion, c'est blasphémer l'Etre suprême, Dieu, créateur de l'univers, et de cet univers, c'est vouloir en faire un chaos sans intelligence, sans espoir pour son âme qui est immortelle. Si elle s'élève vers les cieux pour y chercher des consolations futures, c'est parce qu'elle leur appartient, tout comme le corps de l'homme appartient à la terre. Voilà pourquoi il ne peut s'en dégager; chacun peut se rendre à l'évidence; on ne voulait bien pas croire à la force régénérée de la matière.

L'injustice que mes persécuteurs font peser sur les nations et au préjudice des couronnes, puisque ma découverte leur appartient et leur étant dédiée, hommage qui leur était dû, n'ayant rencontré que persécutions, au lieu de protection. Dans ce désordre inhumain, voulant me suffire dans ma position isolée, je me livrai dès 1823 à faire une invention pour obtenir une progression sur la main d'œuvre d'un art industriel. Par là, je me promettais des fonds pour les employer aux exécutions d'un certain nombre de mouvemens, afin d'accomplir mes décicasses. Chose inouie, après quatre ans de travaux et de sacrifices, au moment où je devais retirer le fruit de mes avances et de mes peines, en 1827, mes insignes oppresseurs s'emparèrent de ma nouvelle invention alors établie en fabrique et à la veille de me rendre annuellement trente à quarante mille fr. Ils s'emparèrent aussi de mes autres établissemens que je tenais de mes père et mère décédés, desquels je dois avant de m'étendre plus au long, entretenir un instant le lecteur.

Vers la fin de 1822, mon père perdit un procès qu'un processif lui avait intenté injustement sur une de ses propriétés. Le jour même que le jugement fut rendu, mon père tomba malade de chagrin, étant d'une probité rare et d'une sensibilité extrême. Durant sa maladie, je fis des reproches à ce malheureux processif, lui alléguant que si mon père venait à perdre la vie, je le vengerais sur lui, sans autres actions que des paroles dites en plein café, et qui n'avaient d'autre but que de le comprimer, c'est-à-dire de l'empêcher d'agir au préjudice d'un grand nombre de personnes, étant un des perturbateurs des propriétés de pauvres familles. Il est à remarquer que, par sa conduite, il était initié avec mes persécuteurs, et par conséquent protégé d'eux. L'aréopage me fit arrêter pour des propos légitimement tenus, auxquels il n'avait rien à voir. Il faut des voies de faits et non que des paroles pour sévir contre quelqu'un. Je fus donc illégalement arrêté et retenu quatorze jours en prison au mois de février 1823, sans avoir pu obtenir de mettre en débats les motifs de mon arrestation.

Pendant le temps de ma détention, et dès l'heure à laquelle on m'avait arrêté, ma mère eut la sagesse de faire croire à mon père que j'étais malade; de sorte que dans sa croyance il recommandait à ses médecins, MM. Laplanche, Rendu et Guichon, de me donner leurs soins. Chaque jour, l'un d'eux montait dans ma chambre comme si j'y avais été réellement. Après quelques minutes d'attente, il descendait dire à mon père que ma maladie ne serait rien; mais que j'étourdissais aussitôt que je voulais me lever. Mon père demandait à être transporté auprès de moi, ou qu'on me descendît vers lui, voulant me parler. Ma mère, pour le contenter, avait l'air de me rendre raison sur ce qu'il désirait, et puis venait lui rapporter une réponse comme si elle m'eût parlé. A mon retour à la maison, elle le prévient que j'allais beaucoup mieux et que je viendrais auprès de lui; je m'habillai en malade et feignis de l'être pour parler à mon père, qui éprouva une douce joie en me voyant, et pareille à la mienne pour lui. Je fis durer ainsi ma prétendue convalescence plusieurs jours; mais nos soins assidus ne purent rappeler mon père à la vie, et deux mois après, le 19 avril, il mourut, ignorant que j'avais été en prison pour avoir fait des reproches mérités à son meurtrier. Cette perte, irréparable pour la famille, abrégea les jours de ma mère, que j'eus aussi le malheur de perdre le 3 avril 1826, de manière que mes persécuteurs ont déjà été ceux des auteurs de mes jours.

Je reviens à mes biens qui me furent enlevés par ces êtres exécrables, pour satisfaire leur cupidité et l'ambition d'un scélérat. Un jugement fut tramé par sous main et rendu à mon insu, les scellés posés chez moi quatre heures après. Quoiqu'étant situé à quatre lieues de l'aréopage, je formai opposition à cet étrange jugement; mais ses auteurs ne voulurent pas avoir un démenti de leur atrocité : ils approuvèrent leur ouvrage devant deux cents personnes indignées; de même qu'ayant formé appel pardevant la Cour de Lyon, là ils firent également valoir leur influence de concert avec l'or du banquier Lamy, pendant que je m'étais rendu à Paris pour dévoiler au ministère les insignes scélératesses de ces complices, et au moment que mes défenseurs vénaux m'annonçaient la bonté de ma cause pour le succès que je connaissais mieux qu'eux, c'est alors qu'on se jouait de mes droits.

Le 18 février 1828, Lamy obtint confirmation d'un jugement inique, pour ne pas avoir été défendu. Mes défenseurs alléguèrent qu'ils n'avaient point de pièces, tandis qu'ils les avaient à triple, les originaux, les copies et des mémoires en manuscrit, et d'autres imprimés qu'ils ont gardés. Je ne pus en rappeler à la Cour de cassation, faute de moyens pécuniaires. Deux mois après, le 26 mai, Lamy fit banqueroute de quinze cent mille francs, qu'il emporta à l'étranger. Quel exemple pour des juges! encore laissant en France trois cents de ses victimes; dix familles ont fait faillite par rapport à lui, et plusieurs autres réduites à la mendicité, les ayant encore couvertes de dettes.

Du premier jugement du 28 juin 1827, on décerna un mandat d'arrêt sur la victime à qui on avait pris en propriétés industrielle, la valeur de trois cent mille francs, n'en devant que cinquante-cinq à l'époque de ce jugement inique, sans qu'aucune de mes dettes fût proprement exigible, et n'ayant reçu aucune assignation pour payer. Depuis cet envahissement de mes biens par mes persécuteurs, ils les ont laissé tomber en ruine; un établissement de scierie à bois a été la proie des flammes; ma forge, autre établissement d'utilité publique qui, pendant un demi-siècle, sous la direction de mon père, son fondateur, avait rendu de grands services au pays, s'écroule de toutes parts, ainsi que les bâtimens adjacens, les procédés mécaniques de ma fabrique rouillés et dispersés en grande partie. Cette fabrique avait excité l'admiration des connaisseurs, quoiqu'elle fut encore susceptible d'amélioration, étant à sa première épreuve. Aujourd'hui elle ne présente plus qu'une valeur idéale, et surtout dans un pays qui n'a ni argent ni artiste, et où la méchanceté aveugle détruit l'industrie qui le fait vivre, étant la mère du commerce. Enfin il en résulte que toutes mes propriétés ne se vendraient pas à présent pour me libérer, et les frais vont absorber une grande portion du prix de la vente, qu'ils ont encore négligé de faire depuis trois ans pour leur propre intérêt. En conséquence de leur envahissement et de leur perfide administration, ils m'auront fait perdre sur le mérite de mes établissemens, plus de deux cent mille francs, et une somme presque égale que j'aurais pu gagner depuis que j'en suis privé injustement, et tous les autres avantages que me présentait la suite du travail, dont les bénéfices étaient destinés pour confectionner des mouvemens pour les états. Les préjudices qu'ils m'ont fait rejaillissent jusqu'aux marches des palais, et sont au détriment des nations.

Enfin le 15 mars 1828, j'échappai comme par miracle à l'arrestation dans mon hôtel, rue de l'Hirondelle, dans le moment qu'on en voulait encore à ma personne déjà victimée. Je me trouvais dans l'église Notre-Dame ; quelqu'un vient m'avertir de l'évènement, et je me réfugiai à la porte de Fontainebleau. J'y demeurai jusqu'au jour de Pâques, et le 6 avril je sortis de ma retraite pour me rendre à Bruxelles, où j'arrivai le 15. Ce jour même, je me présentai, dans l'après-midi, à l'Hôtel-de-Ville pour y demander la permission d'un séjour, voulant travailler comme ouvrier dans cette capitale. Le commissaire, que des agens nommaient M. le Chevalier, examinant mon passeport, qui était expiré depuis le 3 du mois, et n'étant pas fait pour l'étranger, jeta aussi les yeux sur un passeport sous la date du 8 janvier 1821, faisant mention de ma qualité d'auteur du mouvement perpétuel, et qui venait d'être imprimé à Paris en entier dans la brochure précitée. M. le commissaire. fut charmé de ce dernier passeport, qu'il voulut garder contre mes réclamations, et pour reconnaissance me fit passer la nuit dans un cachot où j'eus bien froid et mourant presque de faim. Le lendemain 16, un agent vint m'en sortir pour me conduire hors de la ville, auquel je remis un exemplaire de la susdite brochure, avec prière de la remettre à une société savante de cette cité. Puis, lui ayant présenté mes salutations, je m'acheminai vers la ville de Mons, petite place forte où j'avais passé deux jours auparavant. Comme l'argent me manquait, je me défis de deux chemises, seuls objets de mon voyage, pour me procurer 3 francs, sur lesquels, n'ayant rien mangé de la journée, forte de douze lieues, je pris dessus pour un modeste repas et pour ma nuitée ; le reste me servit les 17 et 18, me rendant à Saint-Quentin, espérant trouver de l'ouvrage dans cette ville manufacturière, où ayant été trompé dans mon atteinte, on me conseilla d'aller à Trélon pour en avoir. Chemin faisant, ayant une dix-huitaine de lieues à faire dans la journée du 19, au défaut de pouvoir acheter du pain, j'arrachais sur ma route des dents de lion que je mangeais. Le 20 au soir, mouillé comme un noyé par un temps affreux, j'arrivai dans ce bourg; mon passeport expiré me fit jeter en prison, et le 21 conduit à Avesnes., harassé de fatigue, exténué par les privations à la suite de soixante et dix lieues pour me rendre de Paris à Bruxelles, et depuis là, soixante autres dans cinq jours, je me vis encore dans trois prisons différentes. Dans cette dernière, j'y demeurai vingt - quatre jours, au bout desquels je fus élargis le 14 mai.

Je dois des remerciemens à madame la comtesse de Marnolange, qui, pendant ma captivité, m'envoya par son médecin, dont j'ai ignoré le nom, un franc, une paire de bas et une chemise pour changer la mienne qui me démangeait, étant surchargée de vermine. J'ai à me louer de MM. les magistrats, de MM. les curés et de M. le sous-préfet d'Avesnes, qui posa une apostille sur mon passeport expiré, avec le droit de toucher quinze centimes par lieue.

Après onze jours de marche forcée, je me trouvai rendu dans mon village, où je n'avais plus de demeure. Une veuve m'offrit un pied à terre, qui m'ayant servi quatre mois d'asile, la reconnaissance me fit épouser ma bienfaitrice. Mais sitôt après notre union, un de mes persécuteurs, dont j'ai déjà voulu parler, juge de paix, ravit à ma femme la tutelle de ses enfans, quoiqu'ils n'eussent pas de bien, mais pour son plaisir barbare, voulut leur en supposer, afin de provoquer des procès pour faire manger celui de leur mère, qui, dans l'intérêt de ses enfans, venait d'établir un commerce. Ce juge donna cette tutelle à un jeune perfide, et fit une infraction à la loi pour la nomination du subrogé-tuteur. Une opposition légale fut formée pardevant l'aréopage de première instance, qui loin de réprimer le fait de la loi violée, la transgressa aussi pour prononcer un jugement qui autorisa le tuteur à se mettre en fonctions sans avoir un subrogé-tuteur nommé conformément à la loi. Ce tuteur, se voyant fort de la part des aréopagites, s'empara des biens appartenant à la mère et non à ses enfans ; ce qui donna matière de suite à un grand procès, pour lequel, pendant quinze mois, par plus de cent voyages de Dortan à Nantua, à la connaissance de leurs habitans, tous mes sacrifices, mes efforts et plusieurs requêtes ont été sans résultats pour pouvoir faire plaider ce procès, dont l'urgence était extrême et de rigueur pour prévenir de grandes catastrophes. Voici la raison principale de l'opposition : c'est qu'en son début, il avait été considéré pour en faire naître une trentaine d'autres, qui effectivement ont existé ; tandis que ce grand procès est resté en instance, et que s'il eût été plaidé et jugé équitablement, les autres n'auraient pas commencé. De sorte qu'ils ont causé des revers à seize créanciers, et des malheurs inouis à cette mère, ma femme, et à toute sa famille. Les uns ont été pendant aux tribunaux d'Annonay, de Lyon, et à la justice de paix d'Oyaunax. Tous ceux qui ont paru à cette justice, la loi a été violée pour prononcer les jugemens ; également elle a été violée pour une quinzaine rendus par l'aréopage du ressort, au préjudice de cette malheureuse femme, qui n'a pu former appel d'aucun faute de moyens ; et si elle en avait eu, des moyens, pour suivre la chaîne de pareilles chicanes, le nombre des procès serait monté à soixante. Déjà par l'existence de ceux qu'elle y a eu, les biens du père et de la mère de cette veuve remariée ont été compromis comme les siens, au point que ces vieillards sont réduits à la misère, et pour surcroît incapables de se suffire. Le père, âgé de quatre-vingt-deux ans, et la mère, de soixante-seize, et tous deux impotens, sans que leur fille unique puisse venir non plus à leur secours, ne pouvant se suffire à elle-même, pour s'être vue privée de la tutelle de ses enfans ; et à l'époque qu'on la lui a ravie, elle était déjà créancière de ses enfans, et avait encore quinze à dix-huit ans à se consacrer pour eux, avant de les avoir majeurs. Où prendra-t-elle pour les nourrir, les entretenir, à présent que la cupidité judiciaire lui a détruit son crédit, son commerce, vendu ses propriétés, son mobilier, enfin tout ce qu'elle avait, aujourd'hui, forcée de chercher son existence, celle de ses enfans, et aussi celle de ses vieux père et mère.

Dans les églises, on fait prier pour venir au secours des vieillards, des veuves et des orphelins; à la justice de paix d'Oyaunax et dans cet aréopage de Nautua, on fait prier avec bien plus de succès; mais c'est pour prendre leurs biens; ensuite les mettre en prison ou les jeter par les portes. Si cela continue, le gouvernement se trouvera nécessairement obligé de multiplier les hôpitaux, les maisons de secours, de charité; mais la raison demande qui travaillera pour nourrir tant de misérables. On ne se doute pas qu'il y a trois millions de malheureux de plus qu'en 1812, lorsque la France était gouvernée par Napoléon qui tenait les rênes administratives. Les gens sans génie, sans expérience, mais entourés de pouvoir et de fortune, ne voient dans leur tête que le pouvoir et la fortune; leur intelligence bornée ne sort pas de leur sphère tyrannique que quand les événemens frappent.

Du livre encyclopédique déjà cité, page 171, je trouve : *Le roi de Suède arrivé à Joukoping, y manda les sénateurs comtes de Stocheustrom et de Hermasson, et le secrétaire-d'état Hegardt, qui y sont encore actuellement. Sa Majesté les a chargés de réformer divers abus qui s'étaient glissés dans l'administration de la justice, et qui avaient excité les plaintes des habitans de ce district. Sa Majesté a nommé aussi une autre commission chargé d'examiner les malversations que le tribunal de Gothanbourg est accusé d'avoir commises. On s'attend à voir punir sévèrement les coupables. Les juges iniques et ceux qui abusent de l'autorité qui leur est confiée, sont des monstres contre lesquels les gouvernemens ne sauraient trop sévir.*

Cette femme ayant perdu habitation, fortune, commerce, crédit, ne pouvant au pays vivre et faire vivre sa famille, a été obligée de quitter deux jeunes enfans, que j'ai pu placer chez un de mes parens, et d'abandonner ses pères et mère pour chercher ailleurs les moyens de les faire exister; tout cela, avec une faible santé et enceinte, dépasse ses forces. Toutefois, soutenue par son courage et stimulée par le mien, elle espère se placer couturière ou gagner sa vie comme telle; mais sans espoir de gagner celle de ses enfans pour payer leur pension, ni celle de ses père et mère; pas même la sienne, jusqu'ici n'ayant pu se placer, et ne se placera jamais dans l'état où elle se trouve. En conséquence de sa position, l'ayant amené avec moi, l'un et l'autre à la veille de mendier pour être au bout de nos ressources, j'ai dû en arrivant la loger dans le corps de logement où l'on me cherchait le 15 mars 1828, afin d'éviter le désagrément à la police de nous courir après. Certains que nos persécuteurs vont envoyer des mandats d'arrêt pour nous récompenser de la peine qu'ils ont eue de s'emparer de nos biens, ma femme s'est vue, comme moi, prendre les siens par la violation des lois et la multiplicité des procès. D'abord, les premiers frappent tous ses avoirs comme procès de tutelle, et par les bruits en calomnie que le tuteur faisait répandre, disant qu'elle devait douze mille francs à ses enfans, qu'il voulait toucher, quoiqu'elle ne leur dût rien. Mais ces bruits ayant pris racine partout, elle se vit obligée, pour avoir le temps de les détruire, et par la définition de ces procès qu'il fallait attendre, ne se plaidant pas, de suspendre ses paiemens, ei fit ensuite un concordat avec ses créanciers, le 30 mars 1829, pour leur payer dans deux et trois ans capital et intérêts. Par cet arrangement, elle pensait déjà recouvrer de son crédit; mais les faux bruits n'étant pas détruits, l'existence du grand procès de tutelle les soutenait et les a toujours soutenus, n'ayant pu le faire plaider; de sorte que son discrédit s'est empiré au fur et à mesure qu'on lui en suscitait d'autres, et le nombre croissant de semaine en semaine, enfin ne pouvant plus les alimenter, pour les arrêter tous, elle n'a pu se dispenser de faire cession, le 30 janvier dernier, dans l'intérêt de ses créanciers, ces procès n'étant point leur fait. L'avoir de sa cession excède le double de ses dettes; mais il y a des procès contre'le tuteur en instance et à terminer, qui va les poursuivre? Est-ce les défenseurs de cette mère? non, ils n'en feront rien. Est-ce les défenseurs de la partie adverse? ils n'en feront encore rien. Et, dans le cas contraire, ce sera pour disposer ainsi qu'ils l'ont fait des avoirs de cette femme, sans que les créanciers en puissent toucher une obole. Voilà comme les affaires se font dans cet aréopage.

De mon côté, le 10 août 1828, et le 30 décembre 1829, dans deux réunions provoquées aux noms de mes créanciers, par mes syndics et le juge-commissaire y présidant, ils ont refusé, dans chacune d'elles, mes propositions tendantes à demander deux, quatre et six ans pour payer intégralement et toutes les charges; car mes propriétés, malgré les dévastations qu'iis leur ont fait éprouver et par ma nouvelle industrie, m'offraient encore assez de ressources pour être assuré de remplir mes promesses, joint à mes vues ultérieures; malheureusement aucun de mes créanciers n'était présent, de manière que leurs intérêts, ainsi que les miens, sont confiés à des gens qui s'occupent inhumainement de grossir les leurs au préjudice des créanciers et du débiteur. Sans égard pour personne, sans arrêter sur les intérêts communs, sans pitié pour l'affreuse position où m'a placé la plus scélérate injustice, y étant complices, et voyant que mes persécuteurs tramaient toujours avec une même persévérance pour le mal, j'ai comme ma femme fait cession le 30 janvier, et le 18 mars, j'ai remis au président en plein aréopage, après avoir lu à haute et intelligible voix, une requête relative à ma femme et moi, par laquelle j'ai fait connaître notre position désespérée. Malgré toute la sagesse de mes procédés, nous n'avons pu obtenir aucun jugement en vertu de l'article

1268 du Code civil. On est donc sûr de voir arriver des signa-
lemens de sequestrage, sur des jugemens dignes de leurs auteurs ; mais je n'ai plus rien à craindre pour moi. Je plains ma
malheureuse femme, ses enfans et ses père et mère que je re-
commande à la générosité des braves gens.

Je ne puis donner dans ce petit ouvrage qu'un faible résumé
des injustices qui ont pesé sur mon existence. J'en éprouve
d'autant plus de chagrin, que j'ai perdu l'espérance de retrou-
ver les écrits qui y ont rapport, et ceux aussi de ma vie, que
des circonstances qu'on apprendra m'ont enlevé, ce qui m'oblige
de retracer avant seulement l'idée de quelques événemens.

A l'âge de cinq ans, par suite d'une chûte qui me causa une
rétention d'urine, pendant huit jours qu'elle dura , je devins
gros comme un tambour ; deux médecins me condamnèrent à
en mourir, MM. Reydellet et Délaye.

A l'âge de quatorze ans, après avoir mangé du riz, j'eus une
colique qui me tient une heure, pendant lequel temps ne pouvant parler, je fus condamné à perdre la vie par le chirugien
Buffet.

A l'âge de vingt un ans, à Besançon, pour avoir trop travaillé
dans un arsenal, j'attrapai une pleurésie avec une fièvre pu-
tride ; je restai dix-neuf jours sans aller à la selle, vingt, cra-
chant le sang, et vingt-huit sans presque de connaissance di-
recte ; je fus condamné à en périr par trois médecins auxquels
je dois la vie, MM. Morel frères et neveu ; j'eus deux fois la
visite bienfaisante de la célèbre sœur Marthe qui vint avec une
autre sœur pour me veiller, chez Sordet, rue Saint-Anne,
hôtel de Poligni ; elle était alors seulement décoré d'un ruban
rouge ; aujourd'hui si elle vit, elle doit avoir une douzaine de
croix des souverains de l'Europe.

A l'âge de trente ans, au retour de la campagne de Saxe en
1813 , à Haguenau, je fus atteint des fièvres pestilentielles, et
jugé pour le trépas par les chirurgiens du quatrième régiment

des Gardes-d'Honneur dont je faisais partie, et lors d'une distribution de quarante-deux croix, j'en fus frustré pour n'avoir pas voulu me présenter au colonel de Monteuil, d'après les instances de mon capitaine, auquel je répondis que je me croirais indigne de la porter si je la devais à une courbette; mes services sont connus du colonel, lui dis-je, s'il croit devoir me la donner j'irais le remercier, autrement je n'en veux pas; quelques camarades briguèrent l'honneur de l'avoir, et travestirent mon langage au chef, et je fus rayé sans que cela me fît la moindre peine; mon capitaine qui m'avait noté en fut plus fâché que moi. Il n'avait point oublié plusieurs bravoures, et entr'autres dans des passages difficiles et périlleux aux montagnes de la Bohême, j'avais été à sa grande satisfaction porteur d'ordonnances émanées de la bouche de Napoléon, écrites par le général Drouet, au général Friant.

En 1815, étant au grade de lieutenant, il me fut délivré un certificat rapportant un fait d'armes sur le champ de bataille, signé par plusieurs officiers du 62e de ligne et par plusieurs autres du troisième bataillon de l'Ain, approuvé par trois généraux, division de la Plane.

A l'âge de trente-trois ans, à Morez, lieu de la naissance de ma mère, j'eus une fièvre catarrhale nerveuse; je transpirais treize à quatorze chemises par vingt-quatre heures; pendant vingt-deux jours, également jugé pour le cercueil par M. Grand-Jacquet, médecin, par des connaissances et amis qui venaient me voir. Au milieu des soins particuliers que je recevais de chères parentes, auxquelles je voyais de temps à autre verser des larmes et parfois à d'autres personnes, j'entendais prononcer mon arrêt de mort, auquel je ne songeais pas; ce qui le faisait prononcer, c'était l'aspect de l'agitation que je me donnais à leur insu, et mes regards arrêtés sur une tapisserie qui représentait des demi-accordes, sur quoi mon imagination travaillait pour la recherche du mouvement que j'avais aban-

donné depuis quelque temps. Cette maladie me fournit de nouvelles idées, et dès le jour même de ma première sortie du lit,
soutenu par une garde tant j'étais faible, je me faisais asseoir
à côté d'une table, et là, contre la volonté de mon médecin, de
mes parens et d'autres, je crayonnais et calculais sur des systèmes que j'avais cru entrevoir dans ma maladie. Les efforts
que j'avais fait et ceux que je faisais dès mon entrée en convalescence m'empêchèrent de me rétablir, durant plusieurs mois
sans avoir voulu donner à mes facultés spirituelles et corpo-
relles le moindre relâche. Je suspends un instant la suite,
pour en reparler avec des circonstances qui coïncident avec
quelques événemens de ma vie.

En 1807, j'avais élevé une fabrique pour une vingtaine d'ouvriers sur la fabrication des pointes de Paris, et l'année suivante,
des produits j'en fis un envoi assez majeur que je fus vendre
en foire à Beaucaire; j'eus l'adresse de manger le capital dans
les jeux d'Aix en Savoie. De retour à la maison, mon père me
retira sa confiance pour quelque temps, restant toujours chez
lui, je me livrais à la recherche du mouvement, recherche que
j'avais déjà commencée avant ma maladie de Besançon, qui
remonte en 1802. J'étais tellement abstrait que, ne prenant
pas le temps de faire ma barbe rouge, je la laissais croître
comme faisait un sage de jadis.

An 1811, mon père m'acheta un martinet, deux moulins et
deux scieries à bois, à Ugine en Savoie; je ne gardai cet établissement qu'onze mois, et j'absorbai les avances généreuses
de mon père. La recherche du mouvement était toujours pour
quelque chose dans la non réussite de mes diverses entreprises.

Au commencement de 1816, de concert avec un oncle et un
cousin, nous achetâmes de M. Déjean, de Genève, l'abbaye
de Sixte, en Savoie, fondée en 1300, par saint Pons, qu'il
tenait des héritiers de M. de Beaumont, qui avait été ingénieur du roi sarde, et l'un des précepteurs du prince régent

d'Angleterre, pendant la révolution. Ce M. de Beaumont avait construit à côté de cette abbaye, un haut fourneau, des forges, après avoir obtenu des concessions de mines de fer et de houille de Bonaparte. Tout cela faisant partie de notre acquisition, trois semaines après l'avoir faite, je fus entraîné dans ma dernière maladie, par suite de cinq voyages que j'avais faits au fort de l'hiver, bravant les intempéries, les froids, les neiges, les tempêtes, les avalanches de la montagne fossile du Jura, où je manquai d'être englouti plusieurs fois, pour aller à Sixte, prendre les renseignemens et voir les localités de ce grand établissement avant d'en conclure le marché. En tombant malade, j'eus le pressentiment vrai de la chute de notre entreprise, par le défaut de connaissance de mes parens, et encore par le manque de fonds. C'est dans l'espérance de la prévenir cette chute, dans l'intérêt de tous, que je me livrai dans ma maladie de nouveau à la recherche que j'avais abandonnée; n'ayant pas d'autres ressources, je cherchais à m'en créer. Après bien des efforts constans, j'étais parvenu à entrevoir quelques notions sur des forces ultérieures aux forces connues; mais je ne pouvais guère m'en rendre raison, ne connaissant rien en mathématiques. Je les tournais ces forces de tant de manières, les comparant au levier ordinaire, que je finis par comprendre que j'avais le double du levier d'Archimède, par un levier à double point d'appui, et que déjà j'avais effleuré le système sans l'avoir pu juger, à Strasbourg en 1814, pendant le blocus, y ayant travaillé cinq mois chez le commissionnaire Gruet, mon parent, décédé, m'y étant relégué convalescent depuis Haguenau, et n'ayant plus fait de service dans les gardes. Mais quoiqu'ayant atteint ce levier à double force, j'étais loin de la solution du mouvement : je n'avais que la certitude d'avoir ouvert la carrière pour la possibilité; ce qui faisait que je travaillais sans interruption, ne prenant pas le temps de boire et de manger.

On verra plus loin quels ont été mes efforts encore, et quand j'eus trouvé le moyen de systématiser mon levier sur la circonférence ; nouveaux embarras, je n'avais pas de quoi l'exécuter, m'étant épuisé par quantité d'essais ; il me fallut courir à des expédiens qui ne me réussirent pas, tout en faisant voir ce que j'avais trouvé. Comme on ne.me comprenait pas, chacun se raillait de moi, le sot comme le savant, ce qui me fit prendre la plume, et je fis mon *Avis à l'univers*. Pendant ces entrefaites, j'avais été, au mois d'avril 1817, appelé par mes associés, à Sixte, que je trouvai comme moi réduits aux abois, sans être dénués de projets. Entre autres, il s'agissait de profiter des avalanches de neiges qui se prolongeaient trois quarts de lieue dans une colline appelée le *nec plus ultra*, par M. de Beaumont : car on ne saurait aller plus loin sans monter sur les glaciers inaccessibles ; et avec des traîneaux on pouvait calculer à faire le transport de quelques cents milliers de minerai. Je pris deux guides de la vallée, habitués à grimper comme des chamois, et un jeune homme mon parent. Arrivés au-dessus. des avalanches fortement inclinées, il y avait encore à gravir quelques cents toises pour atteindre, d'un côté, une montagne connue dans le pays sous le nom de *Montrouant*, au milieu de laquelle montagne très-escarpée, un sentier y avait été taillé sous les ordres de M. de Beaumont ; mais il ne présentait alors qu'un pied de large dans toute sa longueur. Après l'avoir traversé, il se trouvait au bout de la neige dans un couloir fort en pente ; nos guides hésitèrent pour savoir s'ils devaient pousser leur chemin jusqu'à la mine qui n'était plus qu'à cent pas, dans la crainte qu'il ne s'opérât une avalanche sous leurs pieds, qui les aurait perdus. Enfin, soit la peur de la position où nous étions, soit amour-propre de leur part, ils traversèrent le danger qu'ils avaient redouté : nous ne pûmes les suivre. Mais tant que nous avions marché, joignant le rocher taillé, regardant devant soi pour éviter de faux pas, nous n'avions éprouvés que la crainte du passage, ayant le précipice à notre droite, qu'on s'était gardé de fixer; mais quand nous fûmes arrêtés, attendant le retour des guides, il fallait malgré soi avoir les yeux sur le danger, nous nous tenions adossés contre le rocher taillé, cherchant à s'y cramponner. Le jeune homme auquel je n'avais pas voulu adresser la parole dans la crainte de lui causer de plus fâcheuses impressions que celle qu'il ressentait, me dit d'une voix tremblante : « Cousin, il ne faut pas avoir peur. » Je lui répondis de même en deux mots, avec une sûreté extérieure, pour qu'il ne se doutât pas de ce qui se passait dans mon intérieur. Il était à deux pieds de moi, je craignais que la peur le saisît, et qu'il cherchât à s'accrocher à moi, ce qui nous aurait précipités tous les deux de six à sept cents pieds dans un océan de neige. Pour soutenir son courage et pour empêcher que de noires frayeurs vinssent le saisir à l'aspect du profond abîme, je me mis à chanter; j'avais la voix juste, malgré que mes cheveux se hérissaient, qu'un froid et chaud circulait dans mes veines. Dans cet instant même je tenais dans mes mains une petite pierre à forme d'huître, que j'avais saisie en cherchant à me plaquer contre le rocher. Cette pierre m'offrait à l'imagination le mouvement. Au milieu de tout cela, mon esprit parlait encore à la divinité. Eh quoi, lui disais-je, au moment où je touche à la fin de mes travaux pour mettre un terme à mes malheurs; au moment que j'allais éterniser mon nom en faisant jouir mes semblables de ma découverte, tu viens me faire entrevoir ta grandeur, me montrer le néant, terminer mes jours dans les plus affreux tourmens. Tout mon corps me paraissait un composé de métalifer qu'attirait ce vaste gouffre, qui me semblait réunir tous les aimans de la terre, quand tout à coup, sur un nuage, j'entrevois l'Être suprême, et sa voix me dire : *Rassures-toi, d'autres maux te sont réservés encore pour combattre les méchans; mais tu ne périras pas : je t'ai fait le plus faible et le plus fort.* Aussitôt le calme revint dans tout mon être, dans mes sens, et nous descendîmes sans appréhension du danger.

Ce passage fut écrit dans ma vie immédiatement après l'événement : il y est mieux écrit ; je ne m'en suis rappelé que confusément. Un malheureux a perdu mes écrits.

Que de maux, que de revers, que de combats n'ai-je pas essuyés encore depuis cette époque et pendant ces treize ans. Jamais homme ne s'est trouvé jeté sur la scène du monde pour y avoir rencontré autant de disgrâces. Forcé de me résumer, j'ai fait sept fois le voyage de Paris, et là, comme en mille autres endroits, partout j'ai été misérable. Vingt fois j'ai perdu mes hardes, et exposé à la mendicité ; ne voulant plus être malheureux, je viens braver mes persécuteurs sur mon catafalque d'une manière invincible.

Comment résister à tant de calamités, que j'impute avec raison, à mes oppresseurs, sans avoir eu égard à mes travaux civiques, les connaissant avant ma détention illégale, qui pesait encore sur les auteurs de mes jours. Ils les connaissaient ces travaux, et même mes sacrifices et mes efforts, qui alors, leur paraissaient surpasser l'intelligence, le courage et les forces de l'homme ; surtout sans instruction et privé d'autres ressources. Comment ne pas leur imputer tout ce qu'il y a de déplacé dans mes écrits et toutes leurs imperfections, forcé de les faire dans cet état d'apédeutisme et de dénument, çà et là et à la hâte, et à la dérobée pour fuir encore des perfides et des persécutions. Cent fois mes écrits originaux ont été enfoui dans la terre. D'une partie, un grand nombre de copies ont été renvoyées à l'étranger, le reste est perdu, ainsi qu'on le va voir à mon grand regret, dans lesquels ma destinée pour l'utilité des inventeurs futurs, et pour le bonheur de mes semblables, me portait à y rappeler quelques écarts des préjugés du passé, voulant qu'on ne s'étayât plus de leurs folies, les préjugés étant un des fléaux de l'espèce humaine, pour me livrer à les écrire, puisque j'y étais encore entraîné par l'injustice. Que de nouveaux efforts dans mon génie brut ne m'a-t-il pas fallu faire, après l'avoir épuisé pendant quinze ans sur le problème de la force régénérée, qui, avant de pouvoir le résoudre, m'avait présenté autant d'idées diverses qu'il y a de grains de sables sur les rives de la Bienne, expression dont je me servis dans mon *Avis à l'univers*; mais mes dernières recherches durant encore huit mois, étant forcé de m'y attacher par ma position de galère contre laquelle je n'avais pu éviter les conséquences, entraîné par une destinée irrésistible, me causèrent à la suite de ma convalescence, une si grande insomnie, que j'étais obligé de me lever sept à huit fois par nuit pour changer la circulation du sang, me montant violemment à la tête, au point que je craignais de passer de cet état de malaise à la démence. Jamais personne n'a approché autant d'efforts; qu'on se figure les yeux fermés, un objet composé d'une infinité de pièces, vouloir me le représenter à l'imagination, et tenter sur des millions différens d'en saisir le point de mire de chaque; comme si chacun eût été exécuté à vue ouverte, pour vaincre les obstacles innombrables d'après les forces connues qui revenaient toujours s'interpo ser entre les forces inconnues, qu'il m'a fallu découvrir, et cela, après m'être présenté cet objet varié à l'infini, cent, deux cents fois par nuit, pendant le temps dit; mon corps n'était plus qu'un squelette, mon imagination en a été tellement ébranlée, que depuis lors, je n'ai pu me livrer à quelque chose de cette manière, sans retomber dans un malaise. Je n'ai pu même m'occuper de la composition d'une simple lettre, au défaut de pouvoir méditer. Je pose des idées sur le papier, et à force de les corriger, je parviens à me comprendre pour le sujet que je veux émettre, c'est ainsi que j'ai passé des premiers embarras, à de nouveaux embarras; ils ont été d'autant plus grands, que j'ignore les noms des mots qui constituent une phrase d'après la grammaire ; le bon sens est mon guide , mais il ne me suffit pas.

Comment ne pas attribuer à mes persécuteurs tous ces revers postérieurs à ma découverte, et qui est retournée au néant par leur iniquité? par eux ne suis-je pas encore privé de mes biens , et des moyens d'existence (également ma famille)? dans la suite qu'ils m'ont fait faire à l'étranger, que de maux ne m'ont-ils pas causés dans ce voyage! J'emportais, comme j'ai dit, seulement deux chemises placées sur une troisième pour ne pas avoir l'air d'être voyageur pour passer en Belgique, afin d'éviter une arrestation sur ma route; cette prudence m'y conduisit ; on connaît les autres événemens. Avant de partir , j'avais prié une personne de prendre ma malle dans mon hôtel et d'en avoir soin, avec des papiers précieux qu'elle contenait ; à mon arrivée à Paris, quel a été mon étonnement, en apprenant que tout était perdu, et que je ne pouvais plus rien y prétendre. Je dois encore à mes tyrans cette perte immense, elle a fait à mon cœur la plus grande plaie, c'est la première que j'ai réellement ressentie , parce qu'à ma perte se joint , celle de la société qui sera frustrée aussi de mes travaux littéraires. J'ai donc tout à regretter et plus rien à espérer, malgré les soins que j'avais pris pour conserver mes papiers , les envisageant être ma dernière ressource. C'était la collection de ma vie en manuscrits , commençant par ces mots : *Quant ma mère me portait dans son sein, le désir le plus ardent la portait aux pieds des autels pour entendre chanter les louanges de Dieu,* etc.

Ces manuscrits avec quelques Mémoires imprimés, comptaient environ trois mille pages, et n'étant encore qu'un vaste canevas, tout écrit de circonstance , dans des positions pénibles , extraordinaires et privé de ressource, quoiqu'étant au milieu de la société. Les anecdotes de ma vie tiennent du merveilleux; les événemens sont multipliés, et aussi surprenans dans leur genre, que ceux de Napoléon dans le sien, lui au sommet des grandeurs, entouré de puissances, d'honneurs de conquêtes, de gloire, moi au bas de l'indigence, manquant de tout, sans appuis, sans honneurs, et portant le plus lourd fardeau, le droit des générations, ou plutôt le traînant sur le char de la victoire. La société perd beaucoup, elle perd plus d'un trésor, et chacun de la valeur d'un milliard ; mais elle n'a rien à me reprocher : je l'ai cherché en tous lieux dans mon pays, je ne l'ai l'ai trouvé nulle part, tout en lui offrant les productions de mes veilles, de mes sacrifices et de mes peines. La découverte du génie philantrope, cette découverte n'appartenait qu'à moi, je ne l'avais prise à personne, nul n'avait le droit de me l'envier, ni de pouvoir impunément s'arroger celui de me persécuter pour l'avoir créé pour la société, c'était à elle d'en accepter l'apparition, comme venant du ciel, l'hommage que lui en faisait l'auteur, c'était aussi son propre bien. Pourquoi ne sait-elle plus se respecter, et faire respecter les membres qui la composent ? Pourquoi ne sait-elle plus défendre ses droits et ceux des citoyens ? Pourquoi souffre-t-elle des corrupteurs, des tyrans, des monstres ; son devoir, c'est d'infliger des châtimens au coupable de quelque rang qu'il soit, et cela pour la tranquillité du peuple et la sécurité du trône.

J'espérais pouvoir remanier mes écrits, classer la matière disparate, corriger des fautes graves, également rectifier des vers, et surtout ceux du *Guide des jeunes princes destinés à régner*, non que je veuille me flatter de bien faire, c'est au-delà de mes capacités incultes ; mais mon second travail y était indispensable, c'était la première œuvre d'un jeune débutant, d'un maréchal qui apprend à forger de lui-même, et qui, à force de travail, se fait plus ou moins expert. J'ai dû rester étant pressé par ma position gênante, dans chacune de mes productions et également dans celle-ci que je ne peux retoucher, et n'ayant jamais écrit que lorsque j'y ai été forcé par les événemens, par conséquent au-dessous de beaucoup d'autres, et n'ayant pas non plus la tête meublée d'idée d'aucun art, d'aucune science, je n'ai travaillé qu'avec mes matériaux. Après moi, d'autres plus capables auraient pris l'ensemble de mes écrits pour les retoucher, et polir d'un style fleuri ce qui excède mes forces. Ces manuscrits contenaient les désignations des personnes qui ont été témoins des principales actions de ma malheureuse existence, soit de celles de ma vie qui commence dans les entrailles de ma mère par ses pieuses fréquentations à l'église ; soit de celles de ma vie de jeunesse et de ses tribulations ; soit de celles de ma vie laborieuse, industrielle, commerciale, n'offrant que des catastrophes ; soit de celles de ma vie militaire, signalée et frustrée de marques distinctives deux fois, et dans le civil l'ayant mérité bien des fois ; soit de celles de ma vie privée et politique, des aventures remarquables ; soit de celle de ma vie mécanique, recherches, efforts, désespoir, sollicitations, humiliations et courage ; soit de celles de ma vie processive, pavoisée d'injustices, renchérissant par le *Procès de circonstances immortelles* qui est sur le tapis pour être jugé ; soit de celles de ma vie polémique : celle-ci, comme les autres, aurait trouvé des amateurs sur tous les points du globe.

Long-temps j'avais gémi sous le poids des sollicitations auprès des autorités locales et auprès de celles de l'état, quand je reconnus que l'injustice était un obstacle insurmontable, et que par cela même la société serait privée de ma découverte faute de justice protectrice. Mais voulant contre tous les obstacles la servir dans l'intérêt de la basse classe, de la classe moyenne et de la haute tenant les rènes du pouvoir ; car je n'avais aucun sentiment de haine pour les personnes. Je n'attribuais les injustices qu'aux préjugés ; il s'agissait, pour les extirper ces préjugés, de grands efforts ; après le premier, vint le second, puis le troisième effort, desquel il en partit des coups si inattendus que la terre en trembla, les commotions furent si violentes, qu'elle se ressent encore des vibrations. C'était en entrant dans le cirque européen pour me mesurer dans la lutte, prenant le plus gros canon en valeureux champion canonnier, que dis-je, je n'étais pas un héros de Mars, ni un enfant de Bellone ; mais j'avais voulu, contre mon impuissance lettrée, devenir un disciple de Cadmus. Je saisis la plume, et je ne l'eus pas aussitôt saisie, qu'elle me fit faire des sauts de géant et m'emporta sur les aîles d'un cygne, qui à son tour m'enleva avec impétuosité dans les airs, avec l'emblème d'une feuille de laurier que je ne me suis pas donnée, que je ne puis pas quitter et qui soutenait mon haleine. Également avec une palme dont l'odeur m'embaumait, et des cœurs entrelacés en forme de couronne, électrisèrent mon courage et firent ma puissance. C'est ainsi que je fus porté au-dessus de l'atmosphère, une fois, deux fois, trois fois ; la première, aidé par l'*Avis à l'univers*, porté par des anges aux divers peuples ; la seconde, aidé par l'*Avant-coureur de l'histoire du siècle, au précurseur du tombeau des préjugés*, porté par les esprits réformateurs aux paralytiques de la terre ; la troisième, aidé par le *Procès de circonstances immortelles*, porté par la lumière des ambassadeurs aux chefs des nations.

A la nouvelle d'un si grand événement et aussi inopiné, les empereurs, les rois et les princes, voulant en conférer sur le parti à prendre, se mirent en route sur leurs chars célestes conduits par des esprits volans, pour aller former un congrès dans un magnifique palais formé de mille soleils, supporté par la vérité ; et placé au centre de l'univers. Leurs majestés et altesses furent suivies par les enchanteresses, impératrices, reines et princesses, ayant l'attitude des déesses aîlées, s'élevant vers le séjour des dieux, tenant le flambeau de la vertu de la main du cœur, répandant une clarté salutaire sur les races humaines. Les empereurs, assis sur leurs trônes d'étoiles scintillantes, tenant dans leurs mains les couleurs primitives, en présence de leurs divinités, placées sur l'arc d'Iris, en face des rois, sur leur trône aérien couleur d'azur, et à côté des princes, sur une sphère éclatante de connaissances, prirent la parole en ces termes :

« Rois et hommes à la fois comme nous empereurs, rois et hommes. La raison de tous les temps fut la maîtresse du monde; c'est par elle que nous fûmes nommés empereurs. Ici, en savourant le nectar et l'ambroisie des dieux, au milieu d'une immense clarté sans éblouissement, nous respirons les parfums des plus agréables odeurs, et caressés par le frais zéphyr, position délicieuse que nous n'avons jamais éprouvée dans aucuns de nos palais terrestres. La raison en est simple, dégagés des prestiges de la société, du charlatanisme des courtisans, de la perfidie des flatteurs, de l'hypocrisie ambitieuse des uns, des embûches des autres, et tous par leur stratagème, agissant pour obtenir des faveurs, des dignités, des rangs, des honneurs, des places, et souvent au préjudice du mérite qu'ils s'efforcent de nous ravaler, et quand encore des circonstances difficiles nous arrivent, loin de nous seconder en vrais serviteurs, nous les voyons de la fidélité qu'ils avaient jurée, se parjurer, et faire quelquefois de cruels transfuges. Si la vérité nous est utile, ils nous la cachent pour leur intérêt ou par amour-propre; si elle nous est funeste, ils nous la déguisent pour nous exposer à tous les dangers, trop fanfarons pour nous la dire ouvertement. Le danger plus grand arrive-t-il, ils se mettent derrière le rideau, pour leur propre compte encore. Voilà d'ordinaire l'ingratitude que nous retirons de nos grandes largesses, qu'ils qualifient eux-mêmes de faiblesses. Nous devons donc les restreindre envers eux, et étendre nos bienfaits par des projets généraux pour la plus grande prospérité de nos sujets. C'est d'eux que nous tenons la splendeur de nos couronnes, l'énergie et la force. C'est d'eux que nous tirons toutes les ressources, en hommes, par la guerre; en argent, pour la faire ; le matériel des armées, cavaleries, canons, armes, poudre, magasins, vivres, habillemens et accessoires. C'est d'eux, par notre conduite à leur égard, que nous acquérons l'estime générale, la considération universelle et la plus grande gloire. C'est par eux que nous les perdons, lorsqu'on ne s'en rend plus dignes. C'est par eux que s'exercent les travaux des terres pour les blés, des champs pour les foins, des vignes pour les vins. C'est par eux que brillent les beaux-arts, les sciences, l'industrie, le commerce, sources de prospérités dont nous retirons les premiers avantages. C'est par eux que tout prend une vie animée dans les villes et campagnes, au-dedans comme au-dehors de nos palais. C'est par leurs pénibles travaux encore qu'ils fournissent les moyens d'existence aux diverses branches d'administration. C'est par la défectuosité des systèmes, jointe à la faute des administrateurs, quand il y a cessation d'activité dans le mouvement des affaires, que tout languit, que tout chôme. De là vient la ruine des établissemens d'utilité publique, des directeurs, des grandes entreprises, des gérans, des chefs d'ateliers, des hommes laborieux, qui par leurs diverses industries faisaient vivre les ouvriers, les pauvres familles ; et quand ils ne trouvent plus à travailler, les premiers tombent dans l'adversité, les autres dans la misère, en groupes, en masses ; spectacles déchirans pour nos entrailles de pères, qu'offrent des populations entières, et sur tous les points des royaumes. Que de calamités publiques ! un malaise universel se fait sentir par la corruption ; il s'ensuit les discordes, l'anarchie, les dissentions, les guerres intestines, les dévastations, le bouleversement des empires. »

Les rois, tenant dans leurs mains les palmes de la puissance, parlèrent à leur tour dans ce sens :

« Empereurs et rois et hommes à la fois, comme nous, rois et hommes, dès le berceau du monde, la vérité fut la maîtresse du genre humain. C'est par elle que nous fûmes appelés à régner comme rois. Dans ce vaste cercle, formé des couleurs de l'aurore, nous allons la faire resplendir cette vérité invulnérable. Nous ne sommes sur la terre entourés que de personnes qui tiennent leur grandeur, leur prospérité que de nos munificences, soit dans nos palais, soit que nous en sortions, les hommages, les fêtes nous suivent, comme le pouvoir, partout sur nos pas; et c'est seulement de ces personnes, ou de celles constituées, ou d'autres qui s'y rattachent, que nous avons des renseignemens, lesquelles, par préjugés, se croient intéressées à nous taire la vérité; quoique tout est mal, elles nous diront toujours que tout est bien. Les lois, pour ces gens en place, favorisés et en crédit, et pour leurs coteries, sont travesties ou impuissantes. Les injustices et les persécutions ne peuvent les atteindre; au contraire, et dans ce contraire, qu'ils tirent parti pour tout corrompre, tout bouleverser, ils ne nous avouerons pas l'existence en ramification des fauteurs des troubles, de démoralisation, de concussions, de spoliations, de déprédations contre nos peuples gémissant dans les tortures et dans les tourmens. Nos grands dignitaires n'ayant besoin de rien, leur attention ne se porte pas sur la misère des classes opprimées; le malheur pour eux n'est qu'un songe qui passe comme un éclair au milieu de leurs pompes et jouissances. Les gens mêmes appelés à la tribune pour défendre les droits des peuples, n'ayant des rapports qu'avec des gens riches ou aisés, et entourés des honneurs de la fortune, n'ont presque pas d'idée des ravages exercés sur les pauvres familles qui ont des petites propriétés, sur les laboureurs, sur les marchands, sur les industriels, sur les ouvriers, et surchargés d'enfans. Ils ne pensent pas que ce système de corruption atteigne les neuf dixièmes de la population dans les provinces de France.

» Nous avons d'autres gens qui ont le préjugé de croire que les peuples malheureux et ignorans soient plus faciles à gouverner; quand cela serait, ils n'en seraient que plus inhumains.

Mais de tel gens se trompent, n'en jugeant que par la soumission de quelques-uns, qui n'en ont pas moins dans le cœur le sentiment de vengeance ; et, par ces soumissions isolées, ils croient pouvoir juger des masses, qui leur ont toujours donné les preuves du contraire dans les pays tyrannisés (*).

Nous voyons des révolutions, quelquefois la perte d'une couronne, avant d'avoir la connaissance que nos peuples étaient froissés partout à notre insu, la vérité nous ayant été cachée ; et quand il arrive qu'ils se révoltent par suite d'injustices, de persécutions, de spoliations, de dévastations, les mêmes caméléons qui ont amené ces révolutions, mettent en avant, pour se couvrir, qu'il faut châtier nos sujets par le fer et le feu. Voilà le comble de leur cupidité, de leurs crimes ; mais souvent ils y trouvent le trépas, ou d'autres châtimens dignes de leurs cruautés (**). »

Les princes, disciples d'Apollon, dans l'attitude des héros, d'une main soutenant au-dessus de leur tête une sphère lumineuse, sur laquelle est debout Thémis quittant le deuil et reprenant la balance, parlèrent ainsi :

« Empereurs et rois, la justice fait la sauve-garde des trônes ; c'est par elle que nous avons l'espoir d'y monter un jour. Sans justice administrative, aucun chef ne peut se flatter d'y être en sécurité, toujours exposé au glaive vengeur des peuples. Sans justice, les peuples ne ressemblent qu'à des hordes barbares, leurs butins deviennent les dépouilles des monstres qui se jouent de la confiance qui leur est accordée pour administrer vos sujets ; et c'est contre les plus fidèles, les plus braves et les plus laborieux qu'ils exercent leur pouvoir avec le plus de fureur ; ceux-là ne leur échappent pas, parce que ces fidèles sujets forment des oppositions à leurs systèmes corrupteurs et

---

(*) La population parisienne vient de le prouver.
(**) L'événement de Paris est une grande preuve.

dévastateurs. Mais les griveleurs, les spoliateurs, les traîtres, les fourbes, initiés à leur conduite, sont protégés d'eux. Vos Majestés impériales et royales ont des protocoles qui resteront éternellement dans les archives pour faire infliger les peines aux coupables. L'impunité les fait pulluler en tout et partout. Vos souverainetés ne les ont pas constitués pour être des démoralisateurs, des parjures, des violateurs, des persécuteurs, des dévastateurs de vos peuples et de vos propres droits.

» Deux exemples qui devront rester pour servir d'éveil aux têtes couronnées. Les étendards de vos armées, après avoir flotté sur la capitale de France pour rétablir Louis XVIII sur le trône, ce monarque, pour se placer à côté de l'honneur et de la gloire, eut bientôt oublié qu'il vous devait sa couronne, par la plus cruelle des injustices, en méconnaissant la justice qu'il devait faire rendre à l'auteur du mouvement, qui lui avait dédié sa découverte par respect et devoir, et en même temps, sa dédicace en portait l'hommage à vos souverainetés, l'objet appartenant aux nations, l'une n'ayant pas le droit de méconnaître les productions du génie au préjudice des autres. L'auteur, après avoir épuisé tous les moyens en sollicitations respectueuses, comme fidèle sujet, restant seul, sans protection, malheureux, abandonné, sans ressource et ses jours menacés, fut obligé de briser son prodige afin d'établir sa tranquillité personnelle ; plus tard, il remplit un devoir sacré en invoquant la justice des trônes pour pouvoir remettre la main à l'œuvre, son invention ne devant pas retourner, pour le caprice d'un état, en travaux au préjudice des couronnes et des peuples. Cette invocation de rigueur fit sensation dans le gouvernement de Louis XVIII. Dans cette occurrence, la sagesse exigeait de réparer sa première faute en faveur du suppliant ; mais il fit le contraire de ce qu'il devait faire. Des membres influens et des savans protestèrent par des adresses toute fidélité au roi, et les protestations étaient contraires à ses prérogatives, à celles de la famille royale, et contre les droits des Français.

Louis XVIII, bercé par les illusions de ces adresses, agit en commun avec leurs auteurs contre les droits de vos majestés impériales et royales contre ceux des familles régnantes et au préjudice des peuples. Les auteurs de ces adresses, hommes de grand mérite par leurs talens, leurs rangs, et attachés au pouvoir, ne sont pas encore revenus de leur erreur, mais tout fait croire qu'ils en reviendront, et qu'ils ne veulent pas agir contre leur propre intérêt et au préjudice de la raison et de la vérité présidées par les potentats. Ce serait une lâcheté pour le crime dont ils ne se rendront pas coupable. L'auteur, qui sollicite protection, peut bien s'en passer et vivre dans le désert au milieu du monde, comme il y a vécu depuis longues années, mais qui sera puni? Ce ne sera pas lui qui a fait l'impossible d'après certain jugement; le possible est aujourd'hui connu, et il reste encore impossible aux méchans sur les plans même de l'inventeur.

Sur le champ de bataille, sur les cadavres ensanglantés et expirans, l'homme s'incline devant son vainqueur, il dépose son orgueil aux pieds de son tyran; quand la colique le saisit, il implore la miséricorde de Dieu; et, dans sa témérité, en délire, il oserait rejetter celui qui lui tend les bras, lui offrant un prodige pour contribuer à sa félicité et à celle de ses semblables. »

Les impératrices, les reines et les princesses, dans l'attitude des déesses, debout sur l'arc d'Iris, le front tourné aux vents cardinaux, d'une main montrant le ciel et de l'autre, balancée horizontalement avec grâce, annonçant qu'elles sont dispensatrices des vertus sur les races humaines qui apprendront avec reconnaissance, en les bénissant, que leur bonheur en dépend. Ces déesses ensemble ont répondu aux immortels du congrès:

« Empereurs, rois et princes, chacun de vos discours, écoutés en silence, ont fait de profondes impressions dans nos âmes, nos cœurs en conserveront le souvenir inextinguible pour les transmettre à vos peuples et aux générations. Nous ajouterons à vos omissions que vous n'avez que vos armées sur lesquelles vous puissiez compter pour la fidélité. La discipline en fait dans tous les rangs des hommes recommandables. C'est bien là où résident les champions de la vertu, de la vérité, de l'honneur et de la gloire; mais ils ne doivent tenir à leur serment que lorsque les souverains tiennent aux leurs dans l'intérêt de leurs sujets, autrement ils en sont déliés. Vous avez également vos peuples sur lesquels vous pouvez vous reposer par les bienfaits, les réformes utiles en améliorations et toujours nécessaires qu'ils ont droit d'attendre de vos sollicitudes et de vos magnanimités. Ailleurs, dans les autres corps administratifs et judiciaires, où il n'existe aucune discipline, où il n'y a jamais de punition, on transgresse les lois impunément; une violation restée impunie, en entraîne par l'exemple inspirant la confiance au crime. Un million en France, dix millions par an, à l'insu des premiers magistrats auprès desquels les victimes ne peuvent pas arriver pour réclamer et se faire rendre justice. Également à l'insu des ministres, occupés de grandes affaires des états, ils doivent cependant savoir que ce sont les milliards de petites affaires des particuliers qui soutiennent les états. Donc, les particuliers ont le droit d'être administrés et de faire punir ceux qui les spolient, et ceux qui violent les lois en se parjurant. Chaque jour, une multitude d'êtres victimes crient dans tous les lieux, à l'audace et à l'impunité. Rien ne transpire jusqu'à vos majestés par la comptabilité des corps qui font d'innombrables ennemis aux trônes, parce que les peuples ont pour principe de tout faire remonter sur la responsabilité des chefs. Quelques milliers de Français, par préjugés, croient mieux vivre en paralysant l'industrie, le commerce, et quelques cents autres mille par les injustices et les persécutions sur les classes qui ne peuvent pas se défendre. Il en résulte une infinité de familles réduites à la mendicité, dans tous les hameaux, dans tous les villages, dans toutes les villes; par-là on sort encore du travail quantité de bras, et on fait des vagabonds et des voleurs sur tous les points du royaume de France. Enfin, les autres états, qui sentent et connaissent mieux leurs devoirs, n'ont pas à se reprocher de voir leurs peuples mal gouvernés; mais le gouvernement de Charles X aura assez à faire à établir des maisons de charité, des hospices, des hôpitaux, et pour ne pas être administrés. Et puis, par une justice inviolable, la France perd en non exécution de travaux d'utilité publique, de deux à trois milliards par an. Il n'y a guère de justice que dans la capitale; là elle est auprès du soleil; puis, réfléchie par des milliers d'étoiles et échos résonnant et raisonnant.

« Empereurs et rois, vous ne perdrez pas de vue le discours des princes ni la protection qu'ils ont fait ressortir, et due à un inventeur, qui après quinze ans de travaux extraordinaires pour l'utilité de ses semblables, et depuis lors, pendant treize à quatorze autres années, n'a trouvé dans son pays que des iniques, des spoliateurs et des persécuteurs au préjudice même des couronnes. Vos majestés impériales et royales ne sépareront jamais la justice, pour leur gloire et pour l'honneur des familles régnantes, étant identique à la vertu, à la vérité, à la raison, qui ont placé les souverainetés sur vos augustes personnes, et à la tête des nations pour les gouverner et pour défendre leurs droits, en donnant l'exemple d'un acte immortel en faveur de l'humanité, qui viendra consolider les trônes et les rendres inexpugnables. »

Les potentats ensemble ont parlé de nouveau avec les accens les plus mélodieux : « Déesse de la vertu, protectrice du genre humain, compagnies immortelles de nos illustres travaux et du grand œuvre. » Leurs majestés ont ajouté, s'adressant aux peuples de l'univers : « De l'autorité que nous tenons de Dieu, et du pouvoir que nous tenons de nos sujets, nous déclarons que le *Procès de circonstances éternelles* ayant été soumis à la délibération de nos immuables décrets, sera reconnu par toute la terre, et surnommé le procès du génie bienfaisant, du sujet fidèle, protocole d'exemple, et qui, pendant si longues années a su braver avec un courage héroïque, les humiliations des sots, les vexations des traîtres, les iniquités des spoliateurs, les actions atroces des persécuteurs, les perversités des méchans, les cruautés des monstres, pour défendre nos droits et ceux attachés à nos puissances sur la force régénérée du mouvement perpétuel inconnu jusqu'à nos jours. En conséquence au nom de nos diadêmes, nos décisions tendent, premièrement, qu'il sera accordé à son auteur, aide et protection pour réédifier ce prodige, afin de le voir placer dans nos palais en illustration de nos gloires, et en l'honneur des impératrices, des reines, des princes et princesses, voulant donner un exemple vivant à nos sujets, et salutaire à ceux auxquels le pouvoir est confié, pour qu'ils sachent en user avec modération envers tous, rendre et faire rendre la justice, protéger et faire protéger, sans lesquels principes aucun empire ne saurait prospérer, ne ressemblerait-il pas à un malade en convulsion, ne pouvant se guérir sans médecin, et qui n'en trouverait pas; il serait tourmenté entre la détresse et la chute, comme un ballon dans les airs.

Deuxièmement, nous déclarons que les persécuteurs de l'auteur, qui a imploré sciemment notre justice, seront exemplairement punis de leurs criminelles actions, et encore, parce qu'ils ont fait rentrer au néant ce chef-d'œuvre, par leurs iniquités, tandis qu'ils devaient toute protection à l'auteur et qu'ils ont aussi retardé dix ans de nouvelles exécutions de cette découverte, pendant lequel temps, il a gémi, abandonné, désespéré de savoir que nul ne pouvait exécuter le mouvement, malgré les plans et dissertations qu'il a répandus avec profusion

'et sacrifices, et encore n'ayant pu remettre la main à l'ouvrage,
faute de ressources, et quand il a cherché à s'en créer de lui-même
par son industrie, au défaut d'en avoir d'ailleurs, ses persécuteurs lui prenaient indignement ses nouvelles inventions, ses
biens patrimoniaux, ceux de sa femme, de ses orphelins et de
leurs grands-père et mère, vieillards infirmes; quelle cruauté!
non contens de leurs infamies, ils le poursuivaient encore dans
les prisons, sans pitié pour lui, sans égard pour les personnes
en rapport avec ses inventions, eux-mêmes y étant intéressés,
et pour comble de misère dans son pays barbare, ne trouvait
pas une âme qui voulût s'attacher à sa gloire, à sa fortune, ni
pour s'opposer au torrent d'injustices et de persécutions qu'on
lui faisait éprouver, lors même qu'il défendait leurs droits individuellement et en masse. Jamais l'histoire d'un peuple n'a
présenté autant de lâcheté, autant de corruption, autant de
démence; un tel pays s'est exposé à de sévères châtimens pour
l'exemple d'utilité du monde. Enfin se trouvant dans cette position aussi extraordinaire, aussi inconcevable, aussi scabreuse,
et écrasé sous le poids d'un intérêt commun, l'auteur de tant
d'infortunes ne pouvait se dispenser d'invoquer la protection
de nos majestés. De quels sentimens n'a-t-il pas fallu qu'il soit
doué pour surmonter de si étranges obstacles, pour résister
après de si grands efforts pendant un temps, puis après à tant
de difficultés, à tant de scélératesse pendant un autre; lorsqu'il
était si recommandable par de si précieux travaux. La justice
est une divinité qui réside dans nos cœurs de monarques pour
apprendre aux pervers le pouvoir que nous avons sur eux,
pour les forcer à rendre la justice à tous nos sujets, et selon
le mérite, et à l'homme probe, laborieux, qui ne peut être
remplacé, pour sa découverte, faisant une matière de conver-
sation dans toutes les familles, dont une infinité s'abîment
encore à la recherche sans résultat, et ayant déjà été un objet
de recherche qui a coûté des milliards, parmi les générations

qui nous ont devancés. Les noms de souverains et les charges de premiers juges de nos sujets ne permettent pas que
cette découverte retourne en problème pour plaire à des
persécuteurs, et l'étant par le fait encore de nos propres droits,
ainsi que de ceux de nos peuples. L'auteur qui sollicita inutilement auprès de son gouvernement, fut contre sa volonté,
forcément obligé d'en appeler à nos décisions; l'intérêt des
états et des nations devait prévaloir sur toutes autres considérations; toutes les fois qu'un état ne fait pas reposer ses
actions sur la vérité, sur la raison et sur la justice, il s'expose
à toutes les conséquences qui en sont les suites.

Il y aurait honte éternelle pour nos couronnes, de laisser
retourner au néant le mouvement qui, à juste titre, est désigné
le grand œuvre d'un particulier, et qui ne demande ni rang,
ni honneur, seulement le pouvoir de travailler, comme il le
faisait avant qu'on lui eût pris si injustement ses biens, dans
lesquels il a le droit de rentrer. La justice lui est due comme à
tout autre sujet; et dans l'intérêt encore des sciences, il a droit
à nos protections paternelles et de vivre sous le soleil. La légitimité nous en fait un devoir de royauté, impérieux, inviolable; autrement ce serait remettre tout en question, ce serait
donner prise aux grands débats polémiques, ce serait autoriser
les peuples à méconnaître la légitimité, à désobéir aux lois et
aux chefs constitués.

La religion cesserait d'être une vérité, une croyance, une
obligation; les dogmes qu'elle enseigne s'écouleraient des mains
de ses ministres; ils n'auraient plus ni pouvoir, ni considéra-
ration, si eux-mêmes refusaient cette justice qui leur devient
nécessaire, autrement le temporel l'emporterait sur le spiri-
tuel, ce qui éleverait contre eux un fléau dans la société, qu'ils
doivent avoir le génie d'éviter par la plus sincère justice en
faveur de l'église; ce serait manquer à la divinité elle-même,
aux dons de sa grâce que de refuser l'apparition du mouve-

ment, et par l'hommage qu'en fait l'auteur aux successeurs de saint Pierre.

Concession de l'Auteur

AUX

DÉFENSEURS DES LIBERTÉS PUBLIQUES,

RELIGIEUSES ET COMMERCIALES.

Fidélité, respect, soumission, hommage, soient déférés aux têtes couronnées, aux familles régnantes, aux chefs des états, des ministres, des armées, des administrations, de la justice, aux académiciens, aux pairs, aux députés, aux prêtres, aux grands-vicaires, aux évêques, aux archevêques, aux cardinaux, et au saint père le pape, chef de l'église, en faveur desquels je fais au nom du Très-Haut, concession de ma puissance morale, universelle dans l'intérêt de l'église, pour rappeler à l'homme l'adoration qu'il doit à Dieu, pour lui rappeler qu'il se doit à la propagation de la vertu, à la propagation de la vérité, à la propagation de la raison, à la propagation de la justice, à la propagation de l'humanité, à la propagation du travail, à la propagation des protections qui leurs sont dues ; enfin pour rappeler à l'homme que l'irréligion, l'injustice, l'inhumanité, les persécutions, sont les œuvres de la corruption, les fléaux qui détruisent la religion, les considérations de ses ministres, leurs puissances, causent les dissentions, les guerres civiles, ébranlent les trônes ; vertu, vérité, justice, religion sont les attributions que l'Être-Suprême a gravées dans le cœur de l'homme pour se conduire, lorsqu'il cesse d'en faire usage, d'avoir la foi, la sagesse pour conduite, qu'il fait taire sa conscience, Dieu manifeste sa vengeance sur terre, contre la volonté même de celui dont il se sert pour instrument, étant le plus simple des hommes, et n'ayant pu se soustraire à sa destinée, pas même à l'abandon de ses semblables, lorsque déjà il les intéressait par sa découverte.

Comme les Dieux de la terre placés dans les régions célestes, et dès mon premier vol, n'ayant trouvé aucun mortel dans mon pays, je devais savoir m'y tenir, et planer pour en chercher en m'adressant à ces immortels, par l'entremise de leurs ambassadeurs. La première fois que j'invoquai leur justice, les méchans s'étant interposés, ces chefs furent sourds à ma voix plaintive; mais aujourd'hui, ils m'ont entendu pour la splendeur de tout ce qui les entoure. Elevé comme ces héros législateurs dans le centre de l'univers, promulgant leurs lois à leurs peuples, de mon côté, en attendant leurs éternelles décisions, je lançai mes foudres polémiques jusqu'à l'empirée, parcourant le vide, surmonté sur mon cher cygne. Je visitai tous les corps sphériques, lumineux, concentriques, transparens et opaques. Après un long voyage, je m'arrêtais dans la lune, prenant l'habitude de ma puissance, à l'imitation des monarques, sur leur trône, la main droite sur le cœur, la main gauche montrant le ciel et les regards sur la terre. Là je fis l'itinéraire de mes aventures, de mes expériences, et de tout ce que j'avais remarqué de plus étonnant. Ah ! qu'il est beau mon itinéraire, curieux, amusant, instructif; de quel plaisir ne vont-ils pas jouir les mortels en le lisant ! De là, je saisis un grand télescope de dix pieds de diamètre sur mille de longueur, avec lequel je découvris vers deux extrémités de l'espace, deux grands colosses à figure humaine que la divinité garde dans ses secrets impénétrables aux humains. Avec ce télescope, j'examinais aussi les étoile scintillantes, séjour des élus, les satellites flamboyans, le soleil et ses infinimens grands, ses jets de lumière éblouissante, électrisant et vivifiant la nature, tout cela me fit réfléchir sur l'immensité du talent de l'architecte de l'univers, Dieu, et comment avec rien, Dieu a tiré du néant tant de millions de corps célestes, placés de sa main dans l'espace, et auxquels il a donné le mouvement à tous sans qu'aucun soit susceptible de se détraquer; de même qu'il a donné la vie aux phénomènes qui y respirent. Cela fait, je pris un porte-voix de la grosseur de mon télescope, ayant cent fois plus de longueur, et avec ce porte-voix, le maniant avec aisance, je parlais aux deux grands colosses qui m'apprirent qu'ils servaient d'êtres vengeurs à la divinité, comme il en sera parlé plus loin. Ensuite, je parlai aux habitans des planètes: ils sont plus heureux que ceux de la terre, et leur bonheur vient de ce qu'ils s'entr'aident, s'aiment tous comme frères et sœurs, reconnaissent Dieu, l'adorent par devoir, sans ambition et sans hypocrisie. Ces peuples de haute structure, sont robustes par l'usage qu'ils font de leur sagesse, ayant des mœurs douces, complaisans, serviables; ils m'apprirent que le fils de Dieu, Jésus, leur avait fait connaître les deux êtres vengeurs, et qu'il y avait une comète surnommée la Vengeresse, dont Dieu se sert pour châtier les habitans de l'une ou de l'autre des planètes, quand il a à s'en plaindre, lui faisant à son gré changer d'orbite et décrire des révolutions autour des mondes. Cette nouvelle, qui n'était pour moi qu'une réminiscence, me fit plutôt appréhender que je n'aurais voulu pour les habitans de la terre, les ayant observé depuis mon observatoire lunaire, dans leur conduite, sur les montagnes; dans les vallons, sur les mers, dans les vaisseaux, sur les ports, dans les hameaux, dans les villages, dans les villes, dans les maisons des pauvres, dans les maisons des riches, au sein des familles, dans les palais, dans les temples, dans les édifices publics, dans les églises , dans les corporations, dans les assemblées, dans les administrations , dans les armées , dans les aréopages, lisant dans les cœurs, et voyant leurs imperfections volontaires, leurs brouilles, leurs querelles, leur désordres, leurs envies, leurs haines , leur démoralisation, leur mauvaise foi, leur incrédulité, leur inhumanité, leur irréligion, leurs injustices, leurs médisances, leurs calomnies , leur mésintelligences, leurs spoliations , leurs dévastations, leurs scélératesse , enfin , tous leurs malheurs qui en dérivent, et étant les déplorables résultats de leurs méchancetés. Mais dans l'espérance qu'ils feraient un amendement à leur conduite, ma commisération pour eux, me porta à invoquer la clémence de Dieu en leur faveur. Je l'obtins pour le pardon seulement de leurs fautes universelles, d'avoir refusé l'arrivée du grand œuvre sur terre, d'avoir méconnu l'auteur chargé de le leur transmettre par l'ordre qu'il en a reçu de l'Etre suprême, qui entend que ses décrets soient respectés des mortels et adoré d'eux comme l'unique créateur de l'univers ; mais que s'il y avait encore des incrédules, des infidèles , des perfides, des hypocrites, des iniques, des violateurs, des parjures, des persécuteurs, des voleurs , comme l'énumération en est faite, qu'il ferait décrire à sa Vengeresse une révolution si rapide , qu'elle épouvanterait même les habitans des autres planètes en brisant la terre pour la faire retourner au néant. Cette comète a déjà été vue par des astronomes, lesquels en ont fait un calcul vrai pour son cours ordinaire, mais que Dieu fait sortir de sa route à volonté, comme étant le moteur de sa vengeance.

Qu'on se figure cette comète grosse comme le globe, la voir venir cent fois plus vîte qu'un boulet sortant d'un canon, heurtant par son choc fougueux, la terre qui se briserait comme un verre, et dans ce vaste brisement, entendre les vents siffler comme des serpens d'un bout de l'espace à l'autre bout, agités par l'impétuosité de la révolution de la Vengeresse.

Les mers courroucées sortiraient de leur lit , et leurs eaux se mêleraient avec celles des fleuves, des rivières perdant leurs sources pour rejaillir jusqu'au firmament, se réunissant en trombes par milliers, et tomberaient en masses écumantes pour submerger tous les pays. Leurs mugissemens se confondraient avec les cris épouvantables des poissons, des requins, des baleines. Les vaisseaux se briseraient dans les vagues, les uns contre les autres avec un fracas semblable au tonnerre. Les matelots épars et groupés tendraient en vain leurs bras vers les cieux obscurcis par les nappes d'eau et en nuages. Leurs voix gémissantes, leurs cris aigus se perdraient dans les airs , et aux mille bruits divers qu'ils entendraient autour d'eux , et pour comble d'horreur dans leur désespoir, ils se verraient confondus sur la surface et au sein des ondes bouleversées, et avec les monstres marins, qui, dans leur rage et à gueule béante , les mutileraient croyant en faire leur pâture au moment qu'ils trouveraient leur destruction.

D'un pôle à l'autre pôle, on verrait les montagnes se chercher à l'envi pour s'entre-briser et chasser devant elles des rochers énormes roulant de royaume en royaume; de la multitude de ces rochers et de leur tumultueux chocs, rejailliraient de toute part des étincelles qui enflammeraient les forêtsdu globe ; les eaux de l'atmosphère en seraient bouillantes pour se répandre sur les provinces. Au milieu de ce bouleversement en décombre universel, on entendrait les hurlemens des bêtes féroce , des lions, des tigres , des ours, des léopards, des giraffes , des éléphans , qui s'entre-dévoreraient en cherchant encore leur proie sur les abîmes sans fonds, s'ouvrant sous leur pas, creusés par les efforts que feraient le Mont-Blanc, les Cévennes, les Cordillières, les Pyrénées , le Caucase, le Parnasse et mille autres montagnes desquelles il en partirait des blocs considérables qui iraient se rouler dans le vide, et viendraient, en rapportant des amas de lave, de soufre, de bitume, de torrens d'eaux et de feux, fondre comme une grêle générale sur les empires, bouleverser les innombrables chaînes de maisons, les nombreux édifices des villes, des villages, enfin tous les labeurs des siècles ; les temples, les palais, les châteaux, les cabinets d'histoire, les bibliothèques, les monumens, les trésors publics, les fortunes particulières, les entrepôts, les magasins, les boutiques, les marchandises, les objets d'arts, de sciences, les ustensiles, les provisions de bouche, les tableaux, les vases sacrés, les reliques et tous les précieux sujets des sanctuaires se trouveraient dans le même moment ensevelis et soulevés par les tremblemens de terre répétés en cent mille endroits à la fois, surpassant de beaucoup les éruptions des volcans; les peuples épouvantés et en alarmes se trouveraient par les terribles commotions jetés d'un pays à l'autre, semblables aux essaims de mouches, et se croiseraient en tout sens, comme des boulets et des balles que deux armées combattantes s'envoient réciproquement ; et dans leurs sauts périlleux, élevés dans les airs et cheminant sur des fleuves de flammes, sur des parties de rocs en rotation, rencontreraient encore les diverses bêtes de Silvain et monstres de Neptune ; puis les animaux domestiques, des chevaux cabrés, des mulets renversés, des chars brisés, des roues tournantes en l'air, des bœufs beuglans, des taureaux en furie, des moutons bêlans, des hiboux, des aigles des vautours, qui s'acharneraient aussi sur leur corps, dont aucun n'aurait la même position : des uns les pieds en haut, la tête en bas, des uns debout, des uns de côté, des uns inclinés, des uns en travers, des autres n'offrant plus que les troncs, leurs têtes éparses, leurs jambes par-ci, leurs bras par-là, se heurtant dans leur dernier voyage, en tous sens, tombant les uns sur les autres, sur leurs têtes, sur leurs dos, sur leurs flancs et à plat ventre, les yeux mourans, les voix éteintes, les cris des pères, les gémissemens des mères, les plaintes des enfans ne seraient plus entendus, par la multitude des corps sonores et répétés par une infinité d'échos qui les terrorifieraient, car tout porterait le coup de la mort, sans espérance de pouvoir respirer une seconde. Tous tomberaient dans des cavités immenses, dans des antres ténèbreux, infectés ensemble et divisés avec les trois règnes de la nature, réunis et dispersés dans les décombres sur quelques cents millions de points divers, réunissant autant d'individus cadavéreux, qui, un instant auparavant, se croyaient en pleine sécurité sur la terre; quelques oiseaux seulement s'échapperaient avec le cygne dans la lune. Ainsi en présence des habitans des autres planètes qui en seraient saisis d'effroi et puiseraient d'utiles leçons, se termineraient les races humaines qui iraient se réunir avec les morts sortant de catacombes pour entendre le jugement dernier prononcé par le souverain arbitre de leurs destinées, Dieu qui châtie et récompense. Les lâches seraient confondus avec les méchans pour ne pas s'être opposés à leurs malices et à leurs noires actions. Les bons seraient encore confondus quant à leurs corps; mais leurs âmes seraient élues pour aller avec les bienheureux; les autres recevraient le châtiment dû à leur crime, soit pour l'expiation, soit pour la damnation éternelle.

Des débris de la terre, Dieu en ferait deux corps célestes; le premier serait donné en récompense aux élus, qui auraient aussi droit au séjour des étoiles; le second, Dieu en ferait un lieu expiatoire pour les âmes condamnées à y passer un temps déterminé.

Les méchantes seraient mises au pouvoir des deux colosses vengeurs, dénommés; l'un récriminateur, l'autre représateur, habitant l'empirée. Leur grandeur et leur grosseur dépassent d'un milliard de fois la structure de l'homme qui se trouve un milliard de fois représenté, placé sur chacune des parties de leur corps, et chacun à la force de l'un d'eux qui est d'un milliard de fois celle de l'homme, ce qui fait qu'ils ont aussi des milliards de têtes, de jambes, de bras, de mains sur toutes les parties de leur corps qui y sont en rapport, comme les molécules sont à l'homme. Le récriminateur est placé à cent millions de lieues du pôle, arctique; le représateur est aussi placé à cent millions de lieues au pôle antarctique, et comme les enfans qui se jettent la pomme, eux sont chargés de se jeter alternativement les méchantes âmes, qui reprennent un corps trois jours après leur mort. Hâves, décharnés, chacun y reste un siècle, pendant lequel temps ils servent de risée aux élus qui habitent le séjours des bienheureux et (ainsi que font les grands de la terre allant de leur palais dans leurs châteaux de plaisance,) parcourant d'étoiles en étoiles, de châteaux en palais, plus somptueux, plus agréables, des jardins plus magnifiques, toujours verts, les arbres sauveurs, arbres des élus, en toutes saisons, portant à la fois des fleurs de toutes couleurs, exhalant des odeurs, suaves et des fruits de toutes qualités et d'une saveur délicieuse qui ne dégoûte jamais. Des promenades et des bois enchanteurs, diversifiés par des rosiers, des oliviers, des orangers, des citronniers, des lauriers, des palmiers, sur lesquels chantent des oiseaux dont les voix surpassent celle du rossignol. Des cascades variées à l'infini, leurs eaux ayant les couleurs de l'arc-en-ciel, et leur goût excellent le meilleur des vins. Tous les élus, ayant des manières agréables, une douceur d'ange, un air gracieux, jouissent tous d'un bonheur ineffable, en présence des méchans que les remords rongent; et après avoir servi pendant cent ans de ridicules, ils sont envoyés bien au-dessus de l'empirée, dans l'immensité d'un marécage appelé *le pire fléau enfer*, parsemé de prisons dans lesquelles on les met sur le pavé, sans paille, nourris au pain grossier, à l'eau croupie, tremblans de froid, rongés de vermine; là ils souffrent la faim, la soif, toujours prêts à mourir d'inanition et d'ennuis, sans pouvoir changer ce malaise, et cela jusqu'à la fin des siècles, la vie ici-bas n'étant que la durée d'un passage, pour mettre l'homme à l'épreuve.

Cette idée épouvantable de l'avenir effraie le plus téméraire ; elle me fait frémir pour l'humanité criminelle. Pour lui éviter, s'il était possible, de pareils châtimens, j'avais bâti un creuset assez spacieux pour tout passer à la refonte, ou plutôt je le trouvai tout fait. Je pris le globe, dans lequel je vis tant de malheureux, que je voulais travailler pour les rendre tous heureux. Vous entendez, mon cher lecteur, je voulais des vertus, des mœurs, de l'humanité, de la fraternité, de l'union, de la bonne foi, des devoirs réciproques, des secours mutuels, des principes d'honneur fondés sur la raison, de la vérité sans hypocrisie, et surtout de la justice, avec des cœurs sincères à la religion, ayant la conviction que Dieu ne laisse rien d'impuni.

Mes écrits avaient été commencés pour tenter ce résultat heureux, nécessaire, indispensable ; mais ils ne sont plus, leur perte est peut-être un pronostic, un châtiment de Dieu ; la destruction de mon prodige en est peut-être un autre ; car j'ai reconnu que toutes les actions de ma vie ont été conduites par une main invisible pour les autres, et dans bien des cas difficiles, lors même que je croyais pouvoir m'y opposer. Ce châtiment serait-il envoyé de Dieu, comme précurseur de sa comète vengeresse, et pour punir mes persécuteurs, et de leurs injustices, et de leurs inhumanités et de leurs délires, insultant aux droits des nations. Cela se croirait aisément ; telle est ma foi invincible. Je reviens à mes écrits ; il y avait des exploitations immenses à faire pour le clergé, pour les gens de Thémis, de judicatures, de toutes administrations, de guerre, de tous labeurs, d'arts, de sciences, d'industrie, de commerce, de beaux-arts, de lettres. L'historien se serait bien fait rire, et aurait amusé utilement ses lecteurs. Les poètes y auraient trouvé la matière d'un poëme épique sur les vivans et d'un sur les morts. Le chansonnier, de quoi enchanter, électriser, élever les âmes, et porter les cœurs à la pitié et à la piété. Enfin, les potentats avec leur puissance, y auraient trouvé plus de grandeur et de sécurité; les princes, plus de bonheur et plus de gloire réelle; les ministres, plus de considération, moins de travaux, plus de tranquillité, y voyant presque la fin de leurs querelles. Les impératrices et les reines, l'âge d'or; les princesses un temps de féeries; nos grandes dames, des plaisirs sans nuages, et par-dessus tout cela, un prodige remontant à la création, de la valeur d'un milliard, qui ne leur aurait rien coûté, beau comme un soleil, se mouvant de même sans extinction. C'était un diamant du plus haut prix, et qui n'aurait pas été déplacé parmi les bijoux et ornemens de leurs chambres à toilette. Je regrette sincèrement que le beau sexe n'en ait pas eu connaissance, malgré tous mes efforts pour l'en instruire. Je suis persuadé qu'il aurait intercédé pour moi, afin d'en jouir, ainsi qu'en a joui l'auteur. Je suis donc à l'abri de ses aimables reproches, de même que de ceux de son différent sexe. Si l'un et l'autre en sont privés par l'injustice de mes spoliateurs, qui sont aussi leurs cruels ennemis, c'est à eux à qui il appartient de les faire punir sévèrement et exemplairement; il est temps de leur faire manger de la misère des malheureux; ils verront comme elle se digère. Ces pensées peuvent bien raviser quelques nobles âmes.

Quel que soit le rang de celui qui ne rend pas justice, il jette lui-même ce qu'il a de plus précieux dans la fange; celui qui la rend, gagne l'estime de ses semblables, et la puissance et l'honneur.

Le génie est assez vexé de sa nature; en butte aux préjugés, à la jalousie, à la méchanceté, en s'occupant de ce qui peut être utile à la société (*) pour qu'aucun de ses membres n'ait le

(*) Dans ce moment même que j'écris pour défendre les droits des nations, mes spoliateurs, sont après vendre mes biens pour grossir leurs rapines; de telles actions resteront-elles impunies! non, la vengeance est de droit dans le cœur de tous les hommes.

Les Dieux sont lents à faire justice, mais enfin ils la font, a dit le célèbre et immortel Fénelon.

droit de l'opprimer impunément; à cet égard, une lacune fait un vide immense dans nos lois, au préjudice du législateur, du monarque, des trois pouvoirs et du peuple; le vide de cette lacune se fait sentir souvent, mais dans ce jour mémorable, il atteint jusqu'à la voûte des cieux, en frappant le droit de tous les mortels. Ce langage, ainsi que ceux qui l'ont précédé, n'est pas la faute de l'écrivain; de l'homme probe et persécuté; elle émane cette faute de la corruption et d'un pouvoir cédé à des êtres dépravés et subalternes, qui agissent au mépris de leurs supérieurs, les tournent en dérision par leurs perfides actions, qui, restant impunies, les autorisent, violent leur serment; transgressent les lois, tourmentent la société par cupidité, et se font impunément les désorganisateurs de l'ordre public, qu'ils attribuent au peuple pour se couvrir. Rien de leur coupable conduite ne peut arriver à la connaissance des chefs de l'État, des ministres, occupés d'affaires ultérieures; ces êtres subalternes en profitent au détriment des malheureux qu'ils multiplient à l'infini, et par là font au pouvoir d'innombrables ennemis, ainsi qu'au roi. Ils se servent du nom du roi, sous le prétexte de le servir, et qu'ils trahissent pour atteindre le but de leurs spoliations et de leur démoralisation. S'ils aimaient le roi, ils auraient défendu ses droits, ceux de la famille royale, en protégeant au lieu de spolier le sujet fidèle, celui qui a trente ans travaillé pour sa patrie, et faisant hommage de ses travaux à son monarque.

Dans ce moment une armée combat les Algériens, pour une insulte faite au pavillon du gouvernement, soit qu'elle ait été faite à un ambassadeur, qui a reçu, dit-on, de Hussein-Pacha, dey d'Alger, une chiquenaude, avec un chasse-mouches. J'approuve volontiers la conduite du roi, pour l'expédition qu'il a envoyée pour venger cet affront; mais, avant tout, il devrait savoir gouverner et faire gouverner ses sujets, et puis, si l'on réfléchit sur la perte de quarante mille hommes et sur celle de deux cents millions pour tenter la prise d'Alger, qui, même après le succès, ne restera pas à la France sans de nouveaux sacrifices (faute d'administration, le gouvernement qui vient de tomber aurait tout perdu; le gouvernement qui lui succède saura tout garder). Se joint à ces sacrifices, pour cette entreprise hasardeuse, l'expédition de la Morée, qui n'a laissé aussi que des regrets sur la perte d'hommes et d'argent. Quelle inconséquence d'aller si loin sacrifier des trésors et précipiter des braves, tandis qu'on n'a pas le courage de faire dans sa patrie une conquête pour les droits des couronnes, pour les droits des nations, qui offre plus de gloire sans perte d'hommes ni d'argent, et qu'à défaut de la faire par une protection sollicitée et due, cette conquête restera à faire, et finira par entraîner, comme la Grèce et Alger, des conséquences insurmontables *. Que les Bourbons prennent pour égide la raison, la vérité pour guide, la justice pour flambeau, et ils reconnaîtront que la révolution ne leur a pas fourni de plus grands ennemis que mes persécuteurs. Ce sont ceux-là qui sont des deys d'Alger, des forbans ; des pirates, des corsaires, et leurs chasse-mouches et leurs chiquenaudes s'étendent dans toute l'Europe. En les signalant, je remplis un devoir dans l'intérêt de la famille régnante, dans l'intérêt des trois pouvoirs, ainsi que l'exige l'intérêt des Français envers les droits des étrangers.

De tous les écrivains qui ont écrit contre ou pour les potentats, aucun d'eux, avant moi, n'a eu le droit que j'ai d'écrire ; mon droit est universel; c'est celui de tous les hommes, et dès aujourd'hui, il vient appartenir au domaine de l'histoire. Mais

---

(*) Les événemens ont déjà justifié mes pressentimens.
Le dey d'Alger se dit : Charles X avec un traître,
Fait prendre mes états, voulant être mon maître,
Il n'est plus mon égal, j'ai gardé mon honneur,
D'infamie se couvrant, il a fait mon malheur.

quand, avec un tel droit, fondé sur celui des générations, par la découverte du grand œuvre, le génie qui l'enfanta, après avoir coûté en recherches des milliards, ne pouvant trouver dans sa partie de quoi se nourrir, il doit avoir le courage de le reporter au néant et mourir.

Qu'un monarque se pénètre que ses vrais amis sont parmi ceux qui constituent une nation, et rarement dans ses protégés. Dans un temps de corruption, on pourrait avancer, à part l'exception de quelques-uns, qu'ils ne sont pas nés (les événemens qui viennent de se passer le prouvent invinciblement). L'homme ne connaît plus que l'argent, duquel il fait son idole, sans reconnaissance pour celui duquel il le tient; l'égoïsme est l'arme de la pluralité, et l'hypocrisie est l'armure des autres, contre lesquels les gouvernans ne sauraient trop se mettre sur leurs gardes.

J'aurais pu faire brèche sur le corps de mes persécuteurs pour venger la société, j'en avais le droit, c'était même un devoir; mais, ayant juré que je ne ferai jamais verser le sang d'aucun de mes semblables, j'ai voulu tenir à mon serment pour servir d'exemple, et pour apprendre à ceux qui prêtent serment de fidélité à un monarque pour la patrie, tant qu'il lui reste fidèle, ce monarque qu'ils doivent le respecter jusqu'à la mort. Voilà le but que je me suis proposé dans l'intérêt des devoirs de l'homme, et en société, en administration, en justice, en guerre, pour faire des serviteurs fidèles aux chefs des états, et pour la prospérité de leurs sujets.

N'ayant rien appris des hommes, je ne devais pas leur ressembler, ni comme inventeur, ni comme écrivain; je devais être original en tout pour servir de bases nouvelles, aux fins d'être utile au genre humain, lui prouvant d'une manière invincible la nécessité impérieuse de la régénération, c'est-à-dire la répression des abus, des vices, etc.

Je désire qu'on fasse une statue en marbre, d'une taille haute, à Louis XVIII, et devant lui une petite, lui présentant de la main gauche une palme, pour graver dans la mémoire des hommes que son censeur était son plus fidèle sujet, en lui rappelant qu'il ne régnait pas pour sa propre utilité, mais pour celle de tous ses sujets, auxquels il devait la justice, comme monarque ; et ne l'ayant pas fait rendre cette justice, ni fait punir mes persécuteurs, ils se sont constamment joués de ses prérogatives, ainsi que de celles de sa famille, lui succédant. De leurs iniquités, l'impunité les a enhardi, et en a fait des moustres, depuis dix ans, au préjudice des quatre parties du monde, même de Neptune, qui est obligé de me recevoir malgré lui dans son palais ; et si Plutus ne vient pas me revendiquer pour sa gloire, il paiera deux fois mes travaux aux vivans.

Je n'ai rien négligé pour me faire entendre ; après des milliers de lettres, voici la dernière, que je vais transcrire littéralement.

« *Paris, le* 20 *mai* 1830.

» A M. de Moléon, ancien élève de l'École polytechnique, » ingénieur en chef des domaines de la couronne, auteur de » plusieurs ouvrages sur l'industrie et l'économie publique, » membre de plusieurs sociétés savantes, françaises et étran- » gères.

» Monsieur le chevalier,

» Au mois de juillet 1829, je reçus votre honorable lettre, » sous la date du 20 juin, avec votre prospectus du recueil » industriel, manufacturier, agricole et commercial de la » salubrité publique et des beaux-arts, réuni au journal heb- » domadaire des arts et métiers de l'Angleterre.

» J'ai regretté beaucoup de ne pouvoir prendre un abonne-

» ment à votre ouvrage, qui intéresse si éminemment l'indus-
» trie, les manufactures, le commerce, les beaux-arts et les
» artistes, etc. Des circonstances m'ont privé des avantages
» que j'aurais retirés de vos lumières, de vos instructions et
» de vos illustres travaux, consacrés dans l'intérêt national.

» Je crus devoir, avant de vous répondre, attendre mon
» septième voyage à Paris, voyage que je pensais faire aussitôt,
» mais toujours j'en ai été empêché.

» J'ai donc aujourd'hui, Monsieur le chevalier, d'après la
» promesse que renferme votre prospectus en faveur des artis-
» tes, l'honneur de vous proposer, dans votre ouvrage, l'im-
» pression d'une dissertation, avec plans, relatif à une décou-
» verte qui est en rapport aux arts mécaniques, et qui donne
» pour résultat le double des appareils de la statistique et
» la solution du mouvement.

» Je désire soumettre à vos vastes connaissances cette décou-
» verte; vous jugerez si elle est digne d'occuper une petite
» place dans votre ouvrage européen.

» A son origine qui remonte à une douzaine d'années, j'avais
» pensé en faire une spéculation, vu mes besoins, et que j'é-
» prouve encore à l'époque où nous sommes; elle offre égale-
» ment les mêmes avantages; mais je n'ai plus l'ambition que
» de la livrer au public; cependant quant aux avantages, je
» suivrai votre avis si vous voulez bien me le donner à cet
» égard, et tous autre.

» J'attends de votre bonté le jour prochain que vous daigne-
» rez m'indiquer pour me rendre auprès de vous, afin d'en
» conférer sur l'exhibition des plans et dissertations.

» Si vous tombez d'accord avec moi, et que votre intention
» soit d'y prendre un intérêt que je vous propose, nous pour-

» rions travailler à l'exécution de cette découverte pour ensuite
» en faire hommage à Sa Majesté Charles X; car la disserta-
» tion est dédiée aux monarques, l'invention étant européenne
» quant aux sciences.

» Monsieur le Chevalier,

» J'ai l'honneur d'être, votre très-humble serviteur,

J. C. JANNIN.

Le 28 mai, je vis chez lui M. de Moléon, qui me dit que le roi n'accepterait rien sans consulter son corps savant; mais je lui fis connaître que ce corps savant s'opposait à cette découverte, et je crus entrevoir dans les dires de M. de Moléon, qu'il le savait; il me reçut avec beaucoup d'urbanité, je le crois un bien brave homme; il me témoigna le regret de ne rien pouvoir faire pour moi. C'est ainsi que depuis 1817, je suis partout éconduit.

Dès-lors je me suis livré à faire ce nouvel écrit, qui a été, comme je l'ai dit, terminé à la fin de juin.

J. C. JANNIN,
Auteur du mouvement perpétuel.